O livro azul

FÓSFORO

LUDWIG WITTGENSTEIN

O livro azul

Tradução do inglês, organização e apresentação por
GIOVANE RODRIGUES E TIAGO TRANJAN

Posfácio por
JOÃO VERGÍLIO GALLERANI CUTER

Apresentação

O leitor tem em mãos um livro especial, único em meio aos escritos de Wittgenstein, e que talvez constitua a melhor introdução a seu pensamento. Trata-se de um texto inicialmente voltado a alunos matriculados num curso oferecido por ele em Cambridge, no ano letivo de 1933-4. Foi escrito, portanto, num período já adiantado da transição de sua primeira filosofia, consignada no *Tractatus Logico-Philosophicus* (1919-21), para seu pensamento maduro, cuja manifestação mais acabada ocorre nas *Investigações filosóficas* (1936-46). No *Livro azul*, Wittgenstein já havia encontrado boa parte de suas ideias mais marcantes. Em termos de escrita, porém, essa obra ainda apresenta um estilo distinto do método aforístico que caracteriza a filosofia tardia do autor. Justamente por isso, deixa-se ler mais fluentemente. Aqui, Wittgenstein parece conduzir o leitor por um percurso argumentativo mais claro e mais fácil de acompanhar, nesse árduo caminho que conduz a uma verdadeira revolução no interior da filosofia.

Nesta Apresentação, gostaríamos de indicar brevemente o contexto que levou à produção do *Livro azul* e o processo peculiar de sua composição. Além disso, indicaremos algumas das dificuldades específicas à edição e à tradução.

CAMBRIDGE, 1933-4

O público inicial ao qual o *Livro azul* se destinava eram os alunos do curso "Filosofia para matemáticos", oferecido por Wittgenstein no Trinity College da Universidade de Cambridge, onde lecionava como *fellow*.[1] Incomodado com o grande número de inscritos, quase quarenta, o professor dispensou a grande maioria da classe. Selecionou um pequeno grupo formado por seis estudantes mais próximos,[2] ditou-lhes suas reflexões na forma de uma prosa contínua e fez com que essas anotações fossem datilografadas, para em seguida rever o material e, por fim, distribuir o texto resultante àqueles alunos que haviam sido privados das aulas. Desde o início, assim, o objetivo dos ditados era permitir que os alunos "levassem algo para casa; se não em seus cérebros, ao menos em suas mãos".[3] O que esses alunos levaram para casa foram cópias mimeografadas do material, já revisado e encadernado sob capas azuis.

Lembremos agora que, aos 44 anos de idade, Wittgenstein era um dos mais célebres filósofos de sua geração.[4] No entanto,

1. No final de 1930, foi concedida a Wittgenstein uma *fellowship* de cinco anos, após a submissão de uma "dissertação", hoje publicada como *Observações filosóficas*. À época, o título de *fellow* — e o financiamento, em forma de uma "bolsa", que o acompanhava — permitia ao beneficiado desenvolver trabalhos de pesquisa, mas com a condição de que também se ocupasse de atividades de ensino na universidade. A convite do Moral Sciences Club, então associado à universidade, Wittgenstein já era um *lecturer* (termo que pode ser traduzido, com alguma imprecisão, como "conferencista") desde o início daquele mesmo ano, quando apresentou seu primeiro curso, intitulado "Filosofia". Ele só se tornaria *professor* em Cambridge, no mesmo Trinity College, em fevereiro de 1939, assumindo a cátedra de G. E. Moore.

2. A lista comentada desses alunos pode ser encontrada no posfácio à presente edição (p. 147).

3. Carta a Bertrand Russell, do outono de 1935.

4. Essa fama é bem ilustrada por um episódio ocorrido cinco anos mais tarde, quando Wittgenstein assumiu sua cátedra em Cambridge. Seu principal

depois do abandono das ideias do *Tractatus*, não se decidia a publicar suas novas concepções.[5] É digna de nota a carta de 17 de maio de 1933, enviada aos editores da revista *Mind* (e nela publicada), em resposta a um artigo em que Richard Braithwaite buscava resumir os últimos avanços filosóficos do enigmático austríaco:

> [...] Tenho empreendido pesquisas em filosofia ao longo dos últimos quatro anos, mas não publiquei nada desse meu trabalho [...]. Aquilo que tem impedido a publicação de minha obra, a saber, a dificuldade de apresentá-la em um formato claro e coerente, é o que a fortiori me impede de expressar minhas perspectivas no interior dos limites de uma carta. Assim, o leitor deve suspender seu juízo sobre elas.[6]

Um ano após a publicação dessa nota na mais prestigiosa revista britânica de filosofia, a apostila de capa azul passava a circular entre os graduandos do curso "Filosofia para matemáticos". Dado esse cenário, não surpreende que fosse objeto de

→ biógrafo, Ray Monk, comenta que o filósofo C. D. Broad, membro da banca de avaliação, observou o seguinte: "Recusar a cátedra a Wittgenstein seria como recusar a Einstein a cátedra de física". Monk emenda: "Broad, ele próprio, não era um grande admirador do trabalho de Wittgenstein; estava simplesmente afirmando um fato" (*The Duty of Genius*. Nova York: Penguin, 1991, p. 415).

5. Tudo o que Wittgenstein publicou em vida, além do *Tractatus*, foi um dicionário para alunos primários, um artigo ("Some Remarks on the Logical Form", de 1929) e a carta que citamos na sequência. Para além desses itens, as manifestações públicas de Wittgenstein se limitaram, durante sua vida, a cerca de quarenta cursos na Universidade de Cambridge e a cerca de vinte conferências e outras contribuições orais, quase sempre em Cambridge. Cf. Anja Weiberg e Stefan Majetschak (Orgs.), *Wittgenstein-Handbuch*. Berlim: J. B. Metzler, 2022, p. 43.

6. "Letter to the Editor of *Mind*", 12 abr. 1933. In: Ludwig Wittgenstein, *Philosophical Occasions, 1912-1951*. Org. de James Klagge e Alfred Nordmann. Indianápolis/Cambridge: Hackett, 1993, pp. 156-7.

cobiça de todos aqueles que se interessavam por temas filosóficos, rapidamente tornando-se célebre e celebremente referida como o *Livro azul*, por falta de um título atribuído por seu autor. O que surpreende, em contrapartida, é que Wittgenstein tenha permitido a circulação desse seu escrito. Como se verá mais adiante, ele continuou buscando superar as dificuldades indicadas na carta à *Mind*, visando a uma exposição clara e abrangente dos novos rumos que seu pensamento havia tomado. Esse esforço, na verdade, nunca cessou. O *Livro azul* é uma obra tão fascinante quanto fundamental, que expõe em formato particularmente claro e argumentado um estágio avançado dessa longa elaboração, jamais plenamente acabada. Um estágio acabado o suficiente, porém, para ganhar o mundo letrado com a anuência do autor — um caso raríssimo na obra de Wittgenstein.

A BUSCA POR UM NOVO FORMATO: ESCRITOS, CONVERSAS, AULAS, DITADOS

Desde seu retorno a Cambridge, no início de 1929, Wittgenstein se pôs a revisar as ideias publicadas em seu primeiro livro, até abandoná-las quase por completo. Como já indicado, parte significativa desses esforços incidiu sobre a busca de uma forma adequada para a expressão de seus novos pensamentos. Essa busca pode ser verificada não apenas pelo exame da organização interna dos próprios textos — com a elaboração de diferentes estratégias expositivas e, por fim, a criação de um estilo único de exposição —, mas também pela consideração dos diferentes meios (escritos, conversas, aulas, ditados) de que o filósofo se valeu para produzir esses textos e, de modo mais geral, para comunicar suas ideias. O espólio wittgensteiniano, que tem sido publicado por seus herdeiros desde a morte do filósofo, em 1951, traz testemunhos abundantes do caráter multifacetado desse esforço.

Em primeiro lugar, temos os escritos propriamente ditos — os quais, no entanto, passavam por um processo bastante peculiar de composição. Durante toda a sua carreira, Wittgenstein escreveu copiosamente, e hoje temos acesso a grande parte desse material. Ele é composto por notas manuscritas em pequenas cadernetas; por cadernos em que essas primeiras notas, revisadas e polidas, eram passadas a limpo; por tiposcritos formados com base nas melhores observações dos cadernos; e por tiposcritos de segunda ordem, em que os primeiros são revistos e reestruturados. No período que antecede o *Livro azul*, os resultados mais acabados desse processo são obras que hoje conhecemos como as *Observações filosóficas* (1930), o *Big Typescript* (1933) e a *Gramática filosófica* (1933-4, trabalho que é, grosso modo, uma compilação de revisões e reestruturações do *Big Typescript*, editada por Rush Rhees). Wittgenstein, contudo, jamais quis publicá-las. Seu pensamento, nessa época, mudava de rumo de maneira extremamente rápida e, tão logo esses arranjos textuais ficavam prontos, já não agradavam ao próprio autor.

Em segundo lugar, temos as notas de conversações.[7] Digna de especial menção, em razão de seus desdobramentos, é a série de interações com Friedrich Waismann e Moritz Schlick, registradas por Waismann — à época secretário de Schlick —

7. Há conversações com Wittgenstein publicadas por Rush Rhees, Norman Malcolm, Maurice Drury, Oets Kolk Bouwsma, Theodore Redpath, entre outras. A fonte mais completa, ainda que não exaustiva, das memórias a respeito de encontros, contatos e conversas com o filósofo são os *Portraits of Wittgenstein* [Retratos de Wittgenstein], em quatro volumes, organizados por F. A. Flowers III (Londres: Thoemmes Continuum, 1999), disponíveis também em volume único, na versão resumida (Londres: Bloomsbury, 1999).

e publicadas, muito mais tarde, no volume *Wittgenstein e o Círculo de Viena.*[8] Elas ocorreram em encontros periódicos organizados por Schlick entre os anos de 1928 e 1934, e atestam alguns dos desenvolvimentos mais significativos do período intermediário da obra wittgensteiniana. Sobretudo nos primeiros anos dessa colaboração, o objetivo declarado das conversas (que às vezes assumiam a forma mais direta de ditados) era que Wittgenstein pudesse apresentar e esclarecer a Waismann seu pensamento, tanto as concepções antigas quanto as mais recentes, de modo que este último tentasse, da melhor maneira possível, apresentá-las de forma sistemática. Tal projeto chegou mesmo a ser objeto de um anúncio, num número de 1930 da revista *Erkenntnis*, informando a comunidade acadêmica de que Waismann estaria preparando "uma apresentação das ideias de Wittgenstein" em forma de livro. Os primeiros resultados dessa tentativa foram, ainda em 1930, as "Teses",[9] além da apresentação de uma conferência, por Waismann, intitulada "A essência da matemática: a perspectiva de Wittgenstein". O projeto de um livro em coautoria manteve-se firme até a Páscoa de 1934, ou seja, num período contemporâneo às sessões de ditado que resultaram no *Livro azul*. Nessa parceria, Wittgenstein "forneceria a matéria bruta e assumiria o controle da forma e da estrutura, e Waismann seria responsável por escrevê-lo de modo claro e coerente".[10] Essa colaboração chegou definitivamente ao fim, contudo, sem que Wittgen-

8. Trata-se do registro, por Waismann, de parte das conversas ocorridas entre Wittgenstein e alguns dos membros do célebre Círculo de Viena. Elas foram publicadas em 1979, sob organização de Brian McGuinness.

9. Disponíveis, em forma de apêndice, no já mencionado *Wittgenstein e o Círculo de Viena*.

10. Ray Monk, op. cit., p. 340.

stein reconhecesse, no trabalho de Waismann, uma formulação adequada de suas ideias.[11]

Em terceiro lugar, temos as aulas e conferências. Esse era, para Wittgenstein, um modo de divulgar suas ideias[12] garantindo o controle sobre a forma como alcançariam sua audiência — uma audiência reduzida, composta exclusivamente por seus alunos. Para garantir esse controle, ele era muito cioso a respeito de quem podia tomar notas durante as aulas, chegando mesmo a proibir que alguns alunos o fizessem. Tal zelo já indica o valor ambíguo das notas hoje publicadas. Por um lado, as aulas eram a expressão inequívoca de seus pensamentos e traziam, portanto, um claro selo de autenticidade. Por outro, inevitavelmente passavam pelo filtro dos destinatários imediatos. Quem quer que já tenha tomado notas se lembrará da dificuldade de reproduzir fielmente, por escrito, o texto falado; a tendência é que elas se tornem taquigráficas e, quando publicadas, exijam significativa edição.[13] O fundamental, no entanto, está

11. Tomando por base o espólio de Waismann, Gordon Baker editou o material inédito decorrente dessa colaboração em *The Voices of Wittgenstein: The Vienna Circle* (Londres/Nova York: Routledge, 2003). Outro testemunho importante é o livro originalmente pensado como um trabalho produzido a quatro mãos, mas publicado (inicialmente em inglês) num espírito já distante do de Wittgenstein, intitulado *The Principles of Linguistic Philosophy* [Os princípios da filosofia linguística] (Londres/Nova York: St. Martin's Press, 1965). O mesmo livro foi publicado mais tarde em alemão, com o título escolhido por Waismann, anunciado em 1930 na *Erkenntnis*: *Logik, Sprache, Philosophie* [Lógica, linguagem, filosofia] (Stuttgart: Reclam, 1976). Ambas as publicações são póstumas, já que Waismann faleceu em 1959.

12. A Norman Malcolm, Wittgenstein disse que sempre considerou suas aulas uma forma de publicação (*A Memoir*. Oxford: Clarendon Press, 1984, p. 48). A Casimir Lewy, esclareceu que "'publicar' significa 'tornar público', e que portanto dar aulas é uma forma de publicação" [apud David G. Stern, Brian Rogers e Gabriel Citron (Orgs.), *Wittgenstein: Lectures, Cambridge 1930-1933. From the Notes of G. E. Moore*. Cambridge: Cambridge University Press, 2016, p. XXXI].

13. Ver os casos das paráfrases de Moore nos cursos entre 1930 e 1933 [cf. David G. Stern, Brian Rogers e Gabriel Citron (Orgs.), op. cit.], e do complexo trabalho

em perceber que, quando Wittgenstein autorizava um aluno ou membro de sua audiência a tomar notas, isso não significava que, ao fazê-lo, endossasse o texto final dessas anotações.[14]

Finalmente, temos os ditados, um recurso de que Wittgenstein se valeu recorrentemente ao longo de sua carreira filosófica. Em abril de 1914, ele ditou notas a G. E. Moore, mais tarde publicadas como *Notas ditadas a G. E. Moore na Noruega*. Antes, seu ditado conhecido como *Notas sobre lógica* formou uma importante parte de seu diálogo com Bertrand Russell no período que antecedeu a escrita do *Tractatus*.[15] Nos anos 1930, como vimos, Wittgenstein criou fortes expectativas em relação a seus ditados para Waismann. Mais tarde, seu principal colabo-

→ de edição de Cora Diamond com base em quatro conjuntos de anotações do curso de 1939 (*Wittgenstein's Lectures on the Foundations of Mathematics, Cambridge, 1939*. Chicago/Londres: The University of Chicago Press, 1975).

14. Para além dos dois cursos já mencionados na nota anterior, outros quatro conjuntos compõem o corpus publicado de suas aulas. As *Wittgenstein's Lectures, Cambridge 1932-1935*, editadas por Alice Ambrose, com base em notas tomadas por ela e por Margaret Macdonald (Chicago/Londres: The University of Chicago Press, 1979), que contêm ainda o "Livro amarelo", ou seja, as anotações tomadas por Ambrose nos intervalos das sessões de ditado do *Livro azul*. O excepcional trabalho de edição de Volker A. Munz e Bernhard Ritter com base nas notas de Yorick Smythies, intitulado *Wittgenstein's Whewell's Court Lectures, Cambridge, 1938-1941* (Oxford: Wiley Blackwell, 2017), que contém também as "Lectures on Free Will" anteriormente publicadas em *Philosophical Occasions* (op. cit.). As *Wittgenstein's Lectures on Philosophical Psychology, 1946-47*, editadas por Peter Geach com base em notas tomadas por ele, por K. J. Shah e por A. C. Jackson (Chicago/Londres: The University of Chicago Press, 1988). E, finalmente, as *Lectures and Conversations on Aesthetics, Psychology, and Religious Belief*, editadas por Cyrill Barrett (Berkeley/Los Angeles: University of California Press, 1967), parte das quais foi publicada em volume organizado pelos tradutores da presente edição, intitulado *Escritos e conferências sobre ética e religião* (São Paulo: Scientia Studia, no prelo).

15. Essas notas foram publicadas como Apêndices I e II à edição em inglês dos diários de 1914-6 de Wittgenstein (*Notebooks 1914-1916*. Org. de G. H. von Wright e G. E. M. Anscombe. 2. ed. Chicago: The University of Chicago Press, 1979).

rador foi Francis Skinner, para quem ditou um vasto material, que apenas recentemente foi dado ao público (ver a penúltima seção desta Apresentação). Mas nenhum desses ditados tem o mesmo peso, na obra de Wittgenstein e na recepção de sua filosofia, que o *Livro azul* (exceção feita, talvez, ao *Livro marrom*, sobre o qual falaremos mais adiante). Nenhum outro manifesta mais claramente essa feliz junção de espontaneidade da fala, autenticidade das ideias e chancela por parte de seu autor, em virtude do longo processo de edição ao qual ele submeteu o texto após as sessões presenciais. Ou seja, essas notas ganham estatuto completamente distinto na medida em que são primeiro ditadas e, depois, lidas, revisadas, reeditadas e, finalmente, autorizadas por Wittgenstein. Vemos, assim, quão representativa é essa obra.

A COMPOSIÇÃO DO *LIVRO AZUL*

Em dezembro de 1933, algum tempo depois de ter dispensado a maior parte do numeroso grupo de alunos matriculados no curso "Filosofia para matemáticos", Wittgenstein deixou registrada por escrito a maneira como organizava os encontros com os poucos encarregados de registrar seus ditados. O método "que parece ser o correto para mim", diz ele, é o seguinte:

> Eu explico as coisas a meus alunos e então lhes dito formulações curtas a respeito do que discutimos e dos resultados. Elas são então datilografadas e copiadas, de modo que cada um obtenha uma cópia limpa.[16]

16. "Carta a W. H. Watson", 11 dez. 1933. In: Brian McGuinness (Org.), *Wittgenstein in Cambridge: Letters and Documents 1911-1951*. Oxford: Wiley Blackwell, 2008.

Segundo as melhores estimativas, as 39 sessões de ditado tiveram início em 8 de novembro de 1933 e foram concluídas no verão de 1934, momento em que o *Livro azul* passou a circular entre os alunos inicialmente matriculados no curso.[17] Jonathan Smith resume da seguinte maneira o trabalho de Wittgenstein com os alunos:

> 1. Wittgenstein ditava uma sessão para certo número de seus estudantes.
> 2. O conteúdo desse ditado era datilografado.
> 3. Wittgenstein então editava os tiposcritos.
> 4. O tiposcrito editado de cada sessão de ditado circulava entre esses estudantes.
> 5. Mais tarde, ele reuniu o material e o reeditou para formar o que hoje conhecemos como o *Livro azul*.
> 6. Wittgenstein fez com que ele fosse copiado para circulação entre seus alunos.[18]

Um dos membros do seleto grupo de alunos era Alice Ambrose, que detalha o procedimento de Wittgenstein em uma carta de 1º de janeiro de 1934 a C. L. Stevenson:

> Atualmente sou uma entre os escolhidos que se apresentam e aguardam o oráculo falar. [...] Eis o que ele faz nas sessões com seu círculo íntimo. Ele discute conosco o que pretende dizer (ele falou a respeito de jogos de linguagem, como já tinha feito antes) e em seguida dita. Na sequência, tenta oferecer uma discussão dos

17. Cf. Joachim Schulte, "*Blue Book*". In: Anja Weiberg e Stefan Majetschak (Orgs.), op. cit.

18. Jonathan Smith, "Wittgenstein's *Blue Book*: Reading Between the Lines". In: Nuno Venturinha (Org.), *The Textual Genesis of Wittgenstein's* Philosophical Investigations. Nova York/Londres: Routledge, 2013, p. 40.

temas tratados. Eu diria que, ao final do ano, teremos o equivalente a uma apresentação semioficial. Ao menos ele se preocupa bastante com o inglês e um de nós datilografa as notas para ele, as quais são então corrigidas. A cada vez que nos encontramos com ele, permanecemos lá por duas horas e meia ou três horas, e todos ficamos esgotados, menos ele. Isso acontece duas vezes por semana, e ainda há outra aula de duas horas. Na última semana do trimestre acadêmico [de *Michaelmas*], ele não havia concluído, então nos encontramos uma vez mais, por duas horas e meia. E como ele ainda não tinha terminado, encontramo-nos de novo, por três horas e quinze. Suas críticas e análises estão melhores do que nunca.[19]

O caráter único do *Livro azul* se mostra também no contraste com o *Livro marrom*. É frequente que esses livros sejam publicados em conjunto. Há, é claro, alguns motivos para isso, dos quais mencionamos dois. Em primeiro lugar, sua contiguidade temporal. As sessões que dão origem ao *Livro marrom* ocorreram no ano acadêmico seguinte às do *Livro azul*. Em segundo, também ele é um ditado — embora dessa vez direcionado a apenas dois alunos: Francis Skinner e Alice Ambrose. Há, por outro lado, diferenças notáveis. Entre elas, destacamos o fato de que, diferentemente do *Livro azul*, o *Livro marrom* nunca foi distribuído, nunca ganhou a mesma dimensão pública e, nesse sentido, nunca ganhou o tipo de chancela que Wittgenstein atribuiu ao primeiro quando o fez circular em meio ao grupo ampliado de seus alunos (e, consequentemente, por toda a comunidade de leitores interessados em sua filosofia). Além disso, sua destinação é bastante diferente. Não se trata mais de um material dirigido

19. Cf. Brian McGuinness, op. cit., nota à p. 219. A título de esclarecimento, indicamos que, em Cambridge, o trimestre de *Michaelmas* se encerra, em geral, na segunda semana de dezembro.

a alunos. Trata-se, antes, dos primeiros ensaios para a composição de um livro, os quais contêm um material que, ao amadurecer, dará origem às *Investigações filosóficas*.[20]

Se indicamos esse breve contexto, é apenas para ressaltar, mais uma vez, o caráter peculiar do *Livro azul* em meio ao catálogo das obras de Wittgenstein. O contexto de sua escrita e sua destinação, como um livro voltado para estudantes, faz dele um texto mais acessível, que percorre boa parte dos principais temas da filosofia madura do autor com um tipo de fluência e continuidade que não se veem em seus demais escritos.

AS VERSÕES DISPONÍVEIS DO TS 309 E O EXEMPLAR DE SKINNER/SRAFFA

A presente tradução tem por base o fac-símile de uma das versões do TS 309.[21] Mais especificamente, partimos da versão conhecida como "cópia de Stonborough", disponível em formato on-line na *Bergen Nachlass Edition*. Trata-se do exemplar dado de presente por Wittgenstein, provavelmente no Natal de 1935, a sua irmã Margaret (cujo sobrenome de casada é Stonborough), hoje em posse da Biblioteca Nacional da Áustria.[22] Sempre que

20. Detalhes a respeito da história da composição e da destinação provável do *Livro marrom* podem ser encontrados na Apresentação à nossa edição desse livro (São Paulo: Fósforo, 2025). Para esclarecimentos e reflexões a respeito da transição do *Livro marrom* às *Investigações filosóficas*, ver o posfácio de Marcelo Carvalho à nossa edição das *Investigações* (op. cit., especialmente as pp. 347-52).

21. Segundo a catalogação usual do espólio de Wittgenstein, organizada por Georg von Wright, os textos datilografados são referidos como "TS". O *Livro azul* é o nono ditado do catálogo e, ainda na classificação de Von Wright, os ditados compõem o terceiro tipo dos escritos de Wittgenstein; daí o número 309.

22. Alfred Schmidt, "The Wittgenstein Collection of the Austrian National Library". *Nordic Wittgenstein Review*, v. 3, n. 1, 2014.

necessário, esse texto foi ainda cotejado com a transcrição da cópia que pertenceu a Von Wright, também disponível na edição *Bergen*. Essas versões são idênticas às usadas por Rush Rhees para compor a primeira edição do *Livro azul*, de 1958.

Contudo, na segunda edição, de 1960, Rhees introduziu algumas alterações baseadas em outra cópia do TS 309, que trazia revisões à mão. Trata-se de um exemplar que ficou em posse de Piero Sraffa, amigo de Wittgenstein homenageado no prefácio das *Investigações filosóficas*, e que antes havia pertencido a Francis Skinner, o jovem e promissor matemático que havia sido companheiro e colaborador de Wittgenstein durante boa parte dos anos 1930, e que faleceu prematuramente em 1941.[23] A opção de Rhees por incorporar essas alterações é bastante justificável. A colaboração de Wittgenstein com Skinner foi íntima e longa, de modo que se pode razoavelmente supor que as anotações à mão presentes no exemplar de Skinner/Sraffa expressavam correções que o filósofo desejava ver incorporadas ao texto original.[24] A presente edição tem como novida-

23. Em seu exemplar, Sraffa escreveu: "Dado a mim por Wittgenstein após a morte de Skinner, a quem pertenceu". Logo abaixo, lê-se, na caligrafia de Wittgenstein: "De L. para F.", ou seja, de Ludwig para Francis (cf. Gibson, 2020, p. 6 — ver referência completa na nota seguinte).

24. Embora Sraffa tenha disponibilizado para Rhees sua cópia do TS 309 já em 1960, quase todo o material fruto da colaboração entre Wittgenstein e Skinner ficou perdido por várias décadas e só veio a ser descoberto no início do século 21. Após a morte do seu ex-companheiro, em 1941, Wittgenstein enviou uma quantidade significativa desse material (diversos textos com a caligrafia de Skinner, certamente ditados por Wittgenstein, com numerosas adições e correções na caligrafia deste último) para o célebre matemático Reuben Goodstein (1912-1985), amigo pessoal de Skinner e um dos membros do seleto grupo de alunos para quem Wittgenstein havia ditado o *Livro azul*. O material abrange um período que se estende de 1932 a 1941, com a maior parte concentrada até 1936. Foi somente após a doação dos papéis de Goodstein para a Associação Matemática de Cambridge, em 2002, que o arquivo Wittgenstein-Skinner foi redescoberto. A edição desses escritos coube a Arthur Gibson, com a colaboração de Niamh O'Mahoney (*Ludwig*

de o cotejamento cuidadoso da versão tornada canônica por Rhees com os textos originais que circularam em Cambridge, tal como preservados nas cópias de Stonborough e Von Wright do TS 309. Esse cotejamento é indicado por meio de notas de rodapé, que apresentam as variantes textuais decorrentes do confronto entre as diferentes versões.

Note-se, por fim, que a paginação indicada entre colchetes em meio ao texto é a dos tiposcritos originais. Ela tem a dupla função de facilitar a consulta a esses originais e de servir de referência ao índice remissivo de conceitos, disponível ao fim do livro.

SOBRE A TRADUÇÃO

A principal dificuldade de traduzir o *Livro azul* está em lidar com o inglês de Wittgenstein.

Embora o filósofo tenha residido longos períodos na Inglaterra e tivesse alto grau de competência linguística, o alemão sempre permaneceu não apenas como seu idioma natal, mas como o idioma natal de sua filosofia: aquele no qual seus modos de expressão articulavam-se mais naturalmente, tanto do ponto de vista sintático como vocabular. Assim, a despeito da sofisticação no modo de compor o *Livro azul*, com anotações iniciais sendo tomadas por falantes nativos do inglês e com as posteriores ocasiões de revisão do texto final, ainda restam

→ *Wittgenstein: Dictating Philosophy to Francis Skinner. The Wittgenstein--Skinner Manuscripts*. Cambridge, Reino Unido: Springer, 2020). Parte importante desse arquivo foi incorporada à nossa edição do *Livro marrom* (op. cit.). Trata-se de um trecho produzido por Wittgenstein (e Skinner) como continuação direta do *Livro marrom*, mas que até a redescoberta do arquivo era totalmente desconhecido por seus herdeiros literários.

nele muitas idiossincrasias linguísticas, resultantes da importação de estruturas alemãs para o inglês. A esse respeito, falando do *Livro marrom*, eis o que observa Rush Rhees em seu prefácio à edição conjunta dessas obras:

> Independentemente do que acontecesse, tenho dúvidas a respeito de se ele teria publicado o *Livro marrom* em inglês. E quem quer que possa ler seu alemão verá por quê. O estilo de seu inglês é frequentemente desajeitado e cheio de germanismos.

Some-se a esse relato de editor aquele feito por Wittgenstein ao prefaciar sua importante "Conferência sobre Ética", de 1929, a uma audiência inglesa:

> [...] o inglês não é minha língua nativa e, por isso, com frequência falta aos meus modos de expressão o tipo de precisão e sutileza que seria desejável quando se fala a respeito de um tema difícil. Tudo o que posso fazer é pedir a vocês que tornem minha tarefa mais fácil, tentando captar o que quero dizer a despeito dos erros que constantemente cometerei contra a gramática inglesa.[25]

Para os tradutores, o desafio reside em encontrar certo equilíbrio entre a fluência do texto em português e o respeito ao original, particularmente naqueles momentos em que as dificuldades mencionadas por Rhees, e pelo próprio autor, se manifestam de maneira mais evidente. Nossa opção foi sempre por manter o texto em português o mais claro possível, sem depurá-lo, contudo, das eventuais durezas e irregularidades do inglês de Wittgenstein. Aceitamos, assim, que vazassem no

25. Ludwig Wittgenstein, "Conferência sobre Ética". In: Giovane Rodrigues e Tiago Tranjan (Orgs.), *Escritos e conferências sobre ética e religião* (op. cit.).

português algumas das deficiências presentes no original, sem incorrer na tentação de "melhorar o estilo", mas zelando também para não criar qualquer confusão desnecessária nos casos em que uma leitura cuidadosa do texto deixasse evidentes as conexões feitas pelo autor, a despeito de qualquer dificuldade de expressão.

Por fim, gostaríamos de agradecer aos professores João Vergílio Gallerani Cuter e Anderson Luis Nakano pela cuidadosa leitura e pelas valiosas sugestões a esta tradução, das quais muito nos beneficiamos.

O livro azul

[1][1] O que é o significado de uma palavra?

Ataquemos essa questão perguntando, em primeiro lugar, o que é uma explicação do significado de uma palavra; com o que se parece a explicação de uma palavra?

O modo como essa questão nos ajuda é análogo ao modo como a questão "como medimos um comprimento?" nos ajuda a entender o problema "o que é o comprimento?".

As questões "O que é o comprimento?", "O que é o significado?", "O que é o número um?" etc. produzem em nós uma cãibra mental. Sentimos que não podemos apontar para nada em resposta a elas e, mesmo assim, que deveríamos apontar para algo. (Deparamos aqui com uma das maiores fontes de confusão filosófica: um substantivo nos faz procurar por uma coisa que corresponda a ele.)[2]

1. Indicamos entre colchetes, ao longo do texto, a paginação original da cópia de Stonborough do tiposcrito (TS) 309, na qual se baseia a presente edição. Para mais detalhes, ver a Apresentação. (Esta e as demais notas são dos tradutores, exceto se indicado de outra maneira.)

2. Nos tiposcritos consultados para a elaboração da presente edição, lê-se "*we try to find a substance for a substantive*" [tentamos encontrar uma substância

Perguntar primeiro "O que é uma explicação do significado?" tem duas vantagens. Em certo sentido, você traz de volta à terra a questão "o que é o significado?", pois, certamente, para entender o significado de "significado", você precisa também entender o significado de "explicação do significado". Aproximadamente: "perguntemos o que é a explicação do significado, pois o que quer que ela explique, isso será o significado". Estudar a gramática da expressão "explicação do significado" lhe ensinará alguma coisa a respeito da gramática da palavra "significado" e irá curá-lo da tentação de procurar ao redor algum objeto[3] que você pudesse chamar de "o significado". [2]

O que geralmente chamamos de "explicações do significado de uma palavra" pode, *muito aproximadamente*, ser dividido em definições verbais e definições ostensivas. Veremos mais tarde em que sentido essa divisão é apenas aproximada e provisória (e que seja assim é um ponto importante). A definição verbal, na medida em que nos faz passar de uma expressão verbal a outra, em certo sentido não nos leva adiante. Na definição ostensiva, contudo, parece que damos um passo muito mais real na direção de aprender o significado.

Uma dificuldade que nos chama a atenção é que, para muitas palavras de nossa língua, não parece haver definições ostensivas; por exemplo, para palavras como "um", "número", "não" etc.

→ correspondente a um substantivo]. Já na edição de Rush Rhees, encontra-se "*a substantive make us look for a thing that corresponds to it*". Seguimos esta última versão, que deriva de correção feita por Wittgenstein no manuscrito de Piero Sraffa. Para informações a respeito da história das edições do *Livro azul*, bem como a respeito das variantes textuais, ver a Apresentação.

3. Nos tiposcritos consultados, lê-se "*something*" [algo]. Já na edição de Rush Rhees, encontra-se "*some object*", no que o seguimos.

Pergunta: Será que a definição ostensiva precisa, ela própria, ser entendida? — Será que a definição ostensiva não pode ser entendida de maneira errada?

Se a definição explica o significado de uma palavra, certamente não pode ser essencial que você tenha ouvido a palavra antes. É tarefa da definição ostensiva *dar* a ela um significado. Expliquemos então a palavra "tove" apontando para um lápis e dizendo "isto é um tove". (Em vez de "isto é um tove", eu poderia ter dito aqui "isto se chama 'tove'". Menciono isso para afastar de uma vez por todas a ideia de que as palavras da definição ostensiva predicam algo a respeito do definido; a confusão entre a frase "isto é vermelho", atribuindo a cor vermelha a algo, e a definição ostensiva "isto se chama 'vermelho'".) Ora, a definição ostensiva "isto é um tove" pode ser interpretada das mais variadas maneiras. Darei algumas dessas interpretações [3] e usarei palavras do português com uso bem estabelecido. A definição, então, pode ser interpretada como querendo dizer:

"Isto é um lápis",
"Isto é redondo",
"Isto é madeira",
"Isto é um",
"Isto é duro" etc. etc.

Alguém poderia objetar a esse argumento que todas essas interpretações pressupõem outra linguagem verbal. E essa objeção é significativa se por "interpretação" queremos dizer apenas "tradução para uma linguagem verbal". — Darei algumas indicações que podem tornar isso mais claro. Perguntemo-nos qual é nosso critério quando dizemos que alguém interpretou a definição ostensiva de um determinado modo. Suponha que eu dê a um brasileiro a definição ostensiva "isto é o que os alemães chamam de 'Buch'". Então, ao menos na imensa maioria dos casos, a palavra em português "livro" virá à mente do brasileiro.

Podemos dizer que ele interpretou "Buch" como querendo dizer "livro". Será um caso diferente se, por exemplo, apontarmos para uma coisa que ele nunca viu antes e dissermos: "Isto é um banjo". Talvez a palavra "violão" lhe venha então à mente; talvez não lhe venha à mente absolutamente nenhuma palavra, e sim a imagem de um instrumento semelhante; talvez absolutamente nada lhe venha à mente. Suponhamos, então, que eu dê a ele a ordem "agora pegue um banjo entre essas coisas". Se ele pegar o que chamamos de "banjo", poderíamos dizer "ele deu à palavra 'banjo' a interpretação correta"; se ele pegar algum outro instrumento — [4] "ele interpretou 'banjo' como querendo dizer 'instrumento de cordas'".

Dizemos "ele deu à palavra 'banjo' essa ou aquela interpretação" e estamos inclinados a pressupor um ato específico de interpretação para além do ato de escolha.

Nosso problema é análogo ao seguinte:

Se dou a alguém a ordem "traga-me uma flor vermelha daquele campo", como ele pode saber que tipo de flor trazer, já que lhe dei apenas uma *palavra*?

Ora, a resposta que poderíamos sugerir em primeiro lugar é que ele foi procurar uma flor vermelha, levando uma imagem vermelha na mente e a comparando com as flores para ver quais delas tinham a cor da imagem. Há, de fato, tal maneira de buscar, e não é de modo algum essencial que a imagem que usamos seja uma imagem mental. Com efeito, o processo pode ser este: Eu levo comigo uma tabela que correlaciona nomes a quadrados coloridos. Quando ouço a ordem "traga-me etc.", deslizo meu dedo pela tabela da palavra "vermelho" até certo quadrado e vou procurar uma flor que tenha a mesma cor desse quadrado. Mas essa não é a única maneira de buscar e não é a maneira usual. Nós vamos, olhamos ao redor, caminhamos até uma flor e a colhemos, sem compará-la com nada. Para ver que o processo de obedecer à ordem pode ser desse tipo, considere a ordem "*imagine* uma mancha vermelha". Você não se sente tentado, nesse caso, a achar que, *antes* de obedecer, precisa ter imaginado uma mancha vermelha que lhe sirva de padrão para a mancha vermelha que lhe ordenaram imaginar.

Agora você poderia perguntar "será que *interpretamos* as palavras antes de obedecer à ordem?".[4] E em alguns casos você irá descobrir que faz algo que poderia ser chamado de interpretar antes de obedecer, em outros casos não. [5]

Parece que há *certos* processos mentais *bem definidos* ligados ao funcionamento da linguagem, e que somente por meio deles a linguagem pode funcionar. Refiro-me aos processos de entender e querer dizer. Os sinais de nossa linguagem parecem mortos sem esses processos mentais; e poderia parecer que a única função dos sinais é induzir tais processos, e que estes últimos são as coisas nas quais nós realmente deveríamos estar interessados. Assim, caso lhe perguntem qual é a relação entre um nome e a coisa que ele nomeia, você estará inclinado a responder que a relação é psicológica e, ao dizer isso, talvez esteja pensando especificamente no mecanismo de associação. — Sentimo-nos tentados a pensar que a ação da linguagem consiste em duas partes; uma parte inorgânica, o manuseio de sinais, e uma parte orgânica, que podemos chamar de entender esses sinais, querer dizer algo com eles, interpretá-los, pensar. Estas últimas atividades parecem ter lugar em uma estranha espécie de *medium*, a mente; e o mecanismo da mente – cuja natureza, assim parece, nós não entendemos bem – pode produzir efeitos de que nenhum mecanismo material seria capaz. Assim, por exemplo, um pensamento (que é um desses processos men-

4. As aspas estão presentes nos tiposcritos consultados, mas foram ignoradas na edição de Rush Rhees.

tais) pode estar em acordo ou em desacordo com a realidade:[5] sou capaz de pensar em um homem que não está presente; sou capaz de imaginá-lo, de "querer me referir a ele" em uma observação que faço a seu respeito, mesmo se ele estiver a milhares de milhas de distância ou morto. "Que mecanismo estranho", alguém poderia dizer, "tem de ser o mecanismo de desejar se posso desejar aquilo que jamais acontecerá."

Há uma maneira de evitar, ao menos em parte, a aparência misteriosa dos processos de pensamento, e ela consiste em substituir, nesses processos, qualquer operação da imaginação pelo ato de olhar para objetos reais. [6] Assim, pode parecer essencial que, ao menos em certos casos, quando escuto e entendo a palavra "vermelho", uma imagem vermelha esteja diante dos olhos da minha mente. Mas por que eu não deveria substituir o ato de imaginar uma mancha vermelha pelo ato de ver um pedaço vermelho de papel? A imagem visual apenas será mais vívida. Imagine um homem que sempre leva no bolso uma folha de papel[6] na qual os nomes das cores estão correlacionados a manchas coloridas. Você poderia dizer que seria incômodo levar consigo por aí uma tal tabela com amostras e que, em vez disso, o mecanismo de associação é o que sempre usamos. Mas isso é irrelevante; e em muitos casos não é nem mesmo verdadeiro. Se, por exemplo, lhe ordenassem pintar certa tonalidade específica de azul chamado "azul da Prússia", talvez você tivesse de usar uma tabela que o levasse

5. Seguimos a pontuação original dos tiposcritos, em que ocorrem dois pontos na posição em que Rush Rhees optou por apresentar ponto e vírgula.

6. Nos tiposcritos consultados, lê-se "*You can easily imagine a man carrying a sheet of paper in his pocket*" [Você pode facilmente imaginar um homem que leva no bolso um pedaço de papel]. Já na edição de Rush Rhees, encontra-se "*Imagine a man always carrying a sheet of paper in his pocket*", no que o seguimos.

do termo "azul da Prússia" a uma amostra dessa cor, que lhe serviria de modelo.

Poderíamos perfeitamente bem, para os nossos propósitos, substituir todos os processos de imaginar por um processo de olhar para um objeto ou por pintar, desenhar ou modelar; e todos os processos de falar consigo mesmo por falar em voz alta ou escrever.

Frege ridicularizou a concepção formalista da matemática ao dizer que os formalistas confundiram a coisa desimportante, o sinal, com a importante, o significado.[7] Certamente, gostaríamos de dizer, a matemática não trata de traços em um pedaço de papel. A ideia de Frege poderia ser expressa assim: as proposições da matemática, se fossem apenas complexos de traços, seriam coisas mortas e absolutamente desinteressantes; e, no entanto, elas obviamente têm uma espécie de vida. E o mesmo, é claro, poderia ser dito a respeito de qualquer proposição: Sem um sentido, ou sem o pensamento, uma proposição seria uma coisa absolutamente [7] morta e trivial. E, além disso, parece claro que nenhuma adição de sinais inorgânicos pode tornar viva a proposição. E a conclusão que se extrai disso é que o que precisa ser adicionado aos sinais mortos para obter uma proposição viva é algo imaterial, com propriedades diferentes de quaisquer meros sinais.

Mas, se tivéssemos de nomear alguma coisa que é a vida do sinal, teríamos de dizer que é o seu *uso*.

Se o significado do sinal (aproximadamente, aquilo que é importante no sinal) é uma imagem formada em nossas mentes

7. Cf. a discussão feita por Frege a respeito das posições de E. Heine e J. Thomae, que se inicia no §86 do segundo volume de *Die Grundgesetze der Arithmetik*. Jena: Verlag von Herman Pohle, 1903. Cf. também o §16 de *Os fundamentos da aritmética*. Trad. de Luiz Henrique Lopes dos Santos. São Paulo: Editora Livraria da Física, 2021.

quando vemos ou ouvimos o sinal, então adotemos, em primeiro lugar, o método que acabamos de descrever, o de substituir essa imagem mental por algum objeto visto exteriormente, por exemplo, uma imagem pintada ou modelada. Afinal de contas, por que o sinal escrito somado a essa imagem pintada estaria vivo se, sozinho, ele estava morto? — De fato, assim que você pensa em substituir a imagem mental por, digamos, uma imagem pintada, e assim que a imagem perde, desse modo, seu caráter oculto, não nos parece mais que ela infunde qualquer vida à frase. (Era, de fato, apenas o caráter oculto do processo mental aquilo de que você precisava para os seus propósitos.)

O erro que estamos sujeitos a cometer poderia ser expresso da seguinte maneira: Estamos procurando pelo uso de um sinal, mas o procuramos como se ele fosse um objeto *coexistente* com o sinal. (Uma das razões para esse erro é, mais uma vez, que procuramos por uma "coisa correspondente a um substantivo".)

O sinal (a frase) obtém sua relevância a partir do sistema de sinais, da linguagem a que pertence. Aproximadamente: entender uma frase significa entender uma linguagem. [8]

Como uma parte do sistema de linguagem, podemos dizer "a frase tem vida".[8] Mas nos sentimos tentados a imaginar aquilo que dá vida à frase como algo em uma esfera oculta, que acompanha a frase. Mas o que quer que a acompanhasse seria para nós apenas mais um sinal.

Parece, à primeira vista, que aquilo que dá ao pensamento seu caráter peculiar é que ele é uma sucessão de estados mentais, e parece que o que é estranho e difícil de entender a respeito do pensamento são os processos que ocorrem no *medium* da mente, processos possíveis apenas nesse *medium*. A com-

8. As aspas estão presentes nos tiposcritos consultados, mas foram ignoradas na edição de Rush Rhees.

paração que se impõe a nós, aqui, é aquela entre um *medium* mental e o protoplasma de uma célula, digamos, de uma ameba. Observamos certas ações da ameba, o modo como ela pega o alimento ao estender seus braços, o modo como se divide em células semelhantes, cada uma das quais crescendo e se comportando como a original. Dizemos "de que estranha natureza tem de ser o protoplasma para agir dessa maneira", e talvez digamos que nenhum mecanismo físico poderia se comportar dessa maneira, e que o mecanismo da ameba precisa ser de um tipo totalmente diferente. Do mesmo modo, sentimo-nos tentados a dizer "o mecanismo da mente precisa ser de um tipo muito peculiar para ser capaz de fazer o que a mente faz". Mas aqui estamos cometendo dois erros. Pois o que *nos* chamou a atenção como sendo estranho a respeito do pensamento e do pensar não foi de modo algum que ele tinha efeitos curiosos que ainda não éramos capazes de explicar (causalmente). Nosso problema, em outras palavras, não era científico; mas uma confusão percebida como um problema.

Suponhamos que tentássemos construir um modelo da mente com base em investigações psicológicas, um modelo que, como poderíamos dizer, [9] explicaria a ação da mente. Esse modelo seria parte de uma teoria psicológica do mesmo modo que um modelo mecânico do éter pode ser parte de uma teoria da eletricidade. (Tal modelo, aliás, é sempre parte do *simbolismo* de uma teoria. Sua vantagem talvez seja a de que ele pode ser apreendido num único relance, sendo facilmente retido na mente. Já se disse que um modelo, em certo sentido, veste a teoria pura; que a teoria *nua* consiste em proposições ou equações. Isso depois precisa ser examinado mais de perto.)

Talvez descobríssemos que tal modelo da mente teria de ser muito complicado e intricado para explicar as atividades mentais observadas; e, com base nisso, poderíamos chamar a mente de uma estranha espécie de *medium*. Mas esse aspecto da mente não nos interessa. Os problemas que ele pode colocar são problemas psicológicos, e o método para sua solução é o das ciências naturais.

Ora, se não são as conexões causais aquilo que nos interessa, então as atividades da mente estão abertas diante de nós. E, quando nos preocupamos com a natureza do pensamento, a perplexidade, que erroneamente interpretamos como sendo a respeito da natureza de um *medium*, é uma perplexidade causada pelo uso mistificador de nossa linguagem. Esse tipo de erro retorna o tempo todo em filosofia; por exemplo, quando ficamos perplexos com a natureza do tempo, quando o tempo nos parece ser uma *coisa estranha*.[9] Sentimo-nos fortemente tentados a pensar que aqui há coisas escondidas, algo que podemos ver de fora, mas cujo interior não podemos perscrutar. E, no entanto, nada do gênero ocorre. Não são novos fatos a respeito do tempo o que queremos saber. Todos os fatos que nos interessam estão abertos diante de nós. Mas é o uso do substantivo "tempo" o que nos mistifica. Se perscrutamos [10] a gramática dessa palavra, teremos a sensação de que o fato de que os homens tenham concebido uma divindade do tempo não é menos espantoso do que seria conceber uma divindade da negação ou da disjunção.

É desencaminhador, então, falar do pensamento como de uma "atividade mental". Podemos dizer que pensar é, essencialmente, a atividade de operar com sinais. Essa atividade é realizada pela mão, quando pensamos escrevendo; pela boca e pela laringe, quando pensamos falando; e, se pensamos imaginando sinais ou imagens, não sou capaz de fornecer nenhum

9. O grifo não está presente nos tiposcritos consultados. Seguimos a intervenção de Rhees.

agente que pensa. Se você então diz que em tais casos a mente pensa, eu apenas chamaria sua atenção para o fato de que você está usando uma metáfora, de que aqui a mente é um agente num sentido diferente daquele em que se pode dizer que a mão é o agente da escrita.

Caso falemos, novamente, a respeito da localização em que o pensamento ocorre, temos o direito de dizer que essa localização é o papel sobre o qual escrevemos ou a boca que fala. E se falamos da cabeça ou do cérebro como a localização do pensamento, isso é usar a expressão "localização do pensamento" em um sentido diferente. Examinemos quais são as razões para chamar a cabeça de o lugar do pensamento. Não é nossa intenção criticar essa forma de expressão ou mostrar que ela não é apropriada. O que precisamos fazer é: entender seu funcionamento, sua gramática, por exemplo, ver que relação essa gramática tem com aquela da expressão "nós pensamos com a boca" ou "nós pensamos com o lápis sobre um pedaço de papel".

Talvez a principal razão pela qual estejamos tão fortemente inclinados a falar da cabeça como a localização dos nossos pensamentos seja esta: a existência das palavras "pensar" e "pensamento" junto à [11] palavras que denotam atividades (corporais) como escrever, falar etc. nos faz procurar por uma atividade diferente destas, mas análoga a elas, correspondente à palavra "pensar". Quando palavras da nossa linguagem ordinária possuem gramáticas prima facie análogas, ficamos inclinados a tentar interpretá-las de maneira análoga; isto é, tentamos fazer a analogia valer do começo ao fim. — Dizemos: "O pensamento não é o mesmo que a frase; pois uma frase em inglês e uma em francês, as quais são completamente diferentes, podem expressar o mesmo pensamento". E agora, considerando que as frases estão *em algum lugar*, procuramos por um lugar para o pensamento. (É como se procurássemos pelo lugar do rei do qual tratam as regras do xadrez, em oposição aos lugares dos diferentes pedaços de madeira etc., os reis dos diferentes conjuntos de peças.) — Dizemos: "certamente o pensamento é *algo*; não é um nada"; e tudo o que se pode responder a isso é que a palavra "pensamento" tem seu *uso*, que é de um tipo totalmente diferente do uso da palavra "frase".

Será então que isso significa que é sem sentido falar de uma localização do pensamento? Certamente não. Essa expressão tem sentido se dermos sentido a ela. Agora, se dizemos "o pensamento tem lugar em nossas cabeças", qual o sentido dessa frase, entendida sobriamente? Suponho que seja que certos processos fisiológicos correspondem aos nossos pensamentos de tal maneira que, se soubermos a correspondência, podemos, ao observar esses processos, encontrar os pensamentos. Mas em que sentido pode ser dito que os processos fisiológicos correspondem a pensamentos, e em que sentido pode ser dito que nós encontramos os pensamentos a partir da observação do cérebro?

Suponho que imaginamos que a correspondência tenha sido verificada [12] experimentalmente. Imaginemos tal experimento de maneira rudimentar. Ele consiste em olhar para o cérebro enquanto o sujeito pensa. E agora você pode pensar que a razão pela qual minha explicação vai dar errado é, evidentemente, que o experimentador fica sabendo dos pensamentos do sujeito apenas *indiretamente*, ao ser informado deles, quando o sujeito os *expressa* de uma ou outra maneira. Mas eliminarei essa dificuldade ao pressupor que o sujeito é ao mesmo tempo o experimentador, o qual está olhando para seu próprio cérebro, digamos, por meio de um espelho. (O caráter rudimentar dessa descrição não reduz, de modo algum, a força do argumento.)

Então eu pergunto a você: o sujeito-experimentador está observando uma ou duas coisas? (Não diga que ele está observando uma coisa tanto de dentro quanto de fora; pois isso não elimina a dificuldade. Falaremos sobre o interior e o exterior mais tarde.)[10] O sujeito-experimentador está observando uma correlação de dois fenômenos. Um deles ele chama, talvez, de *pensamento*. Isso pode consistir em uma sucessão de imagens, sensações orgânicas, ou, por outro lado, em uma sucessão de diversas experiências visuais, táteis e musculares que ele tem ao escrever ou pronunciar uma frase. — A outra experiência é a de ver seu cérebro funcionar. Ambos os fenômenos poderiam corretamente ser chamados de "expressões do pensamento"; e seria melhor, para evitar confusões, rejeitar como sem sentido a pergunta "onde está o pensamento ele próprio?". Se, porém, efetivamente usamos a expressão "o pensamento tem lugar em nossas cabeças", demos a essa expressão o seu significado ao descrever a experiência que justificaria a *hipótese* de que o pensamento tem lugar em nossas cabeças, ao descrever a experiência que desejamos chamar de[11] "observar [13] o pensamento em nosso cérebro".

Esquecemos facilmente que a palavra "localização" é usada em muitos sentidos diferentes e que há muitos tipos diferentes de afirmações sobre uma coisa, as quais, de acordo com o uso geral, podemos chamar, em casos particulares, de "especificações da localização da coisa".[12] Assim, já foi dito a respeito do espaço visual que seu lugar é em nossa cabeça; e eu acho que nos sentimos tentados a dizer isso em razão, parcialmente, de um mal-entendido gramatical.

Posso dizer: "em meu campo visual vejo a imagem da árvore à direita da imagem da torre" ou "vejo a imagem da árvore no

10. Ver pp. [24], [72 ss]. (Nota de Rush Rhees.)

11. Nos tiposcritos consultados, lê-se "*by describing what we call*" [ao descrever o que chamamos de]. Já na edição de Rush Rhees, encontra-se "*by describing the experience which we wish to call*", no que o seguimos.

12. As aspas estão presentes nos tiposcritos consultados, mas foram ignoradas na edição de Rush Rhees.

meio do campo visual". E agora estamos inclinados a perguntar "e onde você vê o campo visual?". Ora, se com "onde" você quer perguntar por uma localização no sentido em que especificamos a localização da imagem da árvore, então eu chamaria sua atenção para o fato de que você ainda não deu sentido a essa pergunta; isto é, de que você vinha operando por meio de uma analogia gramatical, sem que houvesse elaborado a analogia em detalhe.

Ao dizer que a ideia de que nosso campo visual está localizado em nosso cérebro surgiu de um mal-entendido gramatical, eu não pretendia dizer que não podemos dar um sentido a tal especificação da localização. Poderíamos facilmente imaginar, por exemplo, uma experiência que descreveríamos por meio de uma afirmação como essa. Imagine que olhássemos para um grupo de coisas neste cômodo e, enquanto olhássemos, uma sonda fosse inserida em nosso cérebro e fosse descoberto que, se a extremidade da sonda alcançasse um ponto específico em nosso cérebro, então uma partezinha específica do nosso campo visual fosse com isso obliterada. Desse modo, poderíamos coordenar pontos de nosso cérebro a pontos da [14] imagem visual, e isso poderia nos fazer dizer que o campo visual estava situado em tal e tal lugar de nosso cérebro. E se agora perguntássemos "Onde você vê a imagem deste livro?", a resposta poderia ser (como antes) "À direita daquele lápis", ou "Na parte esquerda do meu campo visual", ou ainda: "Três polegadas atrás do meu olho esquerdo".

Mas e se alguém dissesse "Posso lhe assegurar que sinto que a imagem visual está duas polegadas atrás da ponte do meu nariz"; — o que deveríamos lhe responder? Será que deveríamos dizer que ele não está falando a verdade ou que não pode haver uma sensação como essa? E se ele nos perguntar "você conhece todas as sensações que existem? Como você sabe que não existe uma sensação como essa?".

E se o adivinho nos contar que, quando segura a vara, ele *sente* que a água está cinco pés abaixo do solo? ou que ele *sente* que uma mistura de cobre e ouro está cinco pés abaixo do solo? Suponha que, diante de nossas dúvidas, ele respondesse: "Você consegue estimar um comprimento ao vê-lo. Por que eu não poderia ter um modo diferente de estimá-lo?".

Se entendermos a ideia de uma estimativa como essa, conseguiremos ter clareza a respeito da natureza das nossas dúvidas acerca das afirmações do adivinho e do homem que disse que sentia a imagem visual atrás da ponte do seu nariz.

Há a afirmação: "este lápis tem cinco polegadas de comprimento" e a afirmação "eu sinto que este lápis tem cinco polegadas de comprimento", e precisamos ter clareza a respeito da relação entre a gramática da primeira afirmação e a gramática da segunda. À afirmação "eu sinto em minha mão que a água está três pés abaixo do solo", [15] gostaríamos de responder: "não sei o que isso *significa*". Mas o adivinho diria: "Certamente você sabe o que isso significa. Você sabe o que 'três pés abaixo do solo' significa, e você sabe o que 'sinto' significa!". Mas eu lhe responderia: "Eu sei o que uma palavra significa *em certos contextos*. Assim, entendo a expressão 'três pés abaixo do solo', digamos, nas conexões 'A medição mostrou que a água corre três pés abaixo do solo', 'Se cavarmos três pés de profundidade, encontraremos água', 'Medindo a olho, a profundidade da água é de três pés'. Mas o uso da expressão 'uma sensação em minhas mãos de que a água está três pés abaixo do solo' ainda precisa ser explicada para mim".

Poderíamos perguntar ao adivinho "como você aprendeu o significado da expressão 'três pés'? Supostamente, quando lhe mostraram tais comprimentos, quando você os mediu e coisas assim. Será que também lhe ensinaram a falar acerca de uma sensação de que a água está três pés abaixo do solo, uma sensação, digamos, em suas mãos? Pois, caso contrário, o que lhe fez conectar a expressão 'três pés' com uma sensação em sua mão?".[13] Suponha que estivéssemos estimando comprimentos a olho, mas nunca tivéssemos feito uma medição usando as palmas das mãos. Como poderíamos estimar uma distância em polegadas usando as palmas das mãos? Isto é, como poderíamos interpretar em polegadas a experiência de usar as palmas das mãos para medir? A pergunta é: que conexão há entre, digamos, uma sensação tátil e a experiência de medir uma coisa por meio de uma vara de uma jarda? Essa conexão nos mostrará o que significa "sentir que uma coisa tem seis polegadas de comprimento". Suponha que o adivinho dissesse "Nunca aprendi a correlacionar profundidade da água abaixo do solo a sensações em minha mão, mas quando tenho certa sensação de tensão em minhas mãos, a expressão 'três pés' salta à minha [16] mente". Nós responderíamos "Essa é uma explicação perfeitamente boa acerca do que você quer dizer com 'sentir que a profundidade é de três pés', e a afirmação de que você sente isso não terá nem mais nem menos significado do que sua explicação deu a ela. E se a experiência mostrar que a profundidade real da água sempre está de acordo com a expressão '*n* pés' que vem à sua mente, sua experiência será muito útil para determinar a profundidade da água". — Mas você vê que o significado das palavras "Eu sinto que a profundidade da água é de *n* pés" tinha de ser explicado; ele não era conhecido quando o significado da expressão "*n* pés", no sentido ordinário (isto é, nos contextos ordinários), era conhecido. — Não estamos dizendo que o

13. Nos tiposcritos originais, o uso das aspas é diferente. Ali, seu escopo vai até o primeiro ponto de interrogação. Seguimos a correção de Rush Rhees, que estende o escopo das aspas até o terceiro ponto de interrogação, uma vez que esse é também o escopo do uso da segunda pessoa do singular e, portanto, da tomada do adivinho como interlocutor.

homem que nos conta estar sentindo a imagem visual duas polegadas atrás da ponte do seu nariz está contando uma mentira ou que o que ele fala não tem sentido. O que estamos dizendo é que não entendemos o significado de tal frase. Ela combina palavras bem conhecidas, mas as combina de um modo que ainda não entendemos. A gramática dessa frase ainda precisa ser explicada para nós.

A importância de investigar a resposta do adivinho reside no fato de que frequentemente pensamos ter dado um significado para uma afirmação P simplesmente afirmando "Eu *sinto* (ou acredito) que P é o caso". (Em uma ocasião posterior,[14] falaremos acerca da afirmação do prof. Hardy de que o Teorema de Goldbach é uma proposição porque ele pode acreditar que o teorema é verdadeiro.) Já dissemos que, ao meramente explicar o significado da expressão "três pés" da maneira usual, ainda não explicamos o sentido da frase "sentir que a água está três pés etc.". Note-se que não teríamos sentido essas dificuldades caso o adivinho houvesse dito que *aprendera* a estimar a profundidade da [17] água, digamos, cavando em busca de água sempre que tinha uma sensação específica, correlacionando assim tais sensações com *medições* de profundidade. Precisamos agora examinar a relação entre o processo de *aprender a estimar* e o ato de estimar. A importância desse exame reside no fato de que ele se aplica à relação entre aprender o significado de uma palavra e fazer uso dessa palavra. Ou, de maneira mais geral, de que ele mostra as diferentes relações possíveis entre uma regra que foi dada e sua aplicação.

Consideremos o processo de estimar um comprimento a olho: É extremamente importante que você perceba que há uma grande variedade de processos que chamamos de "estimar a olho".

14. Essa promessa não é cumprida. (Nota de Rush Rhees.)

Considere os seguintes casos: —

(1) Alguém pergunta "Como você estimou a altura desse prédio?". Eu respondo: "Ele tem quatro andares; suponho que cada andar tem cerca de quinze pés de altura; então ele deve ter cerca de sessenta pés".

(2) Em outro caso: "Eu sei de modo aproximado com o que se parece uma jarda a essa distância; então isso deve ter cerca de quatro jardas de comprimento".

(3) Ou ainda: "Posso imaginar um homem alto chegando mais ou menos até esse ponto; então o ponto deve estar a cerca de seis pés do chão".

(4) Ou: "Não sei; simplesmente parece ter uma jarda".

Este último caso provavelmente nos deixará perplexos. Se você pergunta "o que aconteceu nesse caso, quando o homem estimou o comprimento?", a resposta correta pode ser: "ele *olhou* para a coisa e *disse* 'parece ter uma jarda de comprimento'". Isso pode ser tudo o que aconteceu.

Dissemos antes que não teríamos ficado perplexos com a
[18] resposta do adivinho se ele nos tivesse dito que *aprendera* como estimar a profundidade. Ora, aprender a estimar, falando de modo amplo, pode ser visto em duas relações diferentes com o ato de estimar; ou como uma causa do fenômeno de estimar, ou como nos fornecendo uma regra (uma tabela, um diagrama ou alguma coisa assim) da qual fazemos uso ao estimar.

Suponha que eu ensine a alguém o uso da palavra "amarelo" apontando repetidamente para uma mancha amarela enquanto pronuncio a palavra. Em outra ocasião faço com que ele aplique o que aprendeu dando-lhe a ordem "escolha uma bola amarela neste saco". O que foi que aconteceu quando ele obedeceu à minha ordem? Eu digo: "possivelmente apenas isto: ele ouviu minhas palavras e pegou uma bola amarela do saco". Agora você pode estar inclinado a pensar que não é possível que isso tenha sido tudo; e o *tipo* de coisa que você sugeriria é que ele imaginou algo amarelo quando *entendeu* a ordem, e então escolheu uma bola de acordo com essa imagem. Para ver que isso não é *necessário*, lembre-se de que eu poderia ter lhe dado a ordem "Imagine uma mancha amarela". Acaso você ainda estaria inclinado a supor que ele primeiro imagina uma mancha amarela, apenas *entendendo* minha ordem, e então imagina uma mancha amarela que bate com a primeira? (Bem, não estou dizendo que isso não seja possível. Ocorre que apresentar a situação nesses termos lhe mostra imediatamente que isso não precisa acontecer. E isso, aliás, ilustra o método da filosofia.)

Se nos ensinam o significado da palavra "amarelo" dando-nos alguma espécie de definição ostensiva (uma regra para o uso da palavra), esse ensino pode ser visto de duas maneiras diferentes.

A. O ensino é um treino. Esse treino produz em nós o efeito de [19] associar uma imagem amarela, coisas amarelas, à palavra "amarelo". Assim, quando dei[15] a ordem "Escolha uma bola amarela deste saco", a palavra "amarelo" pode ter provocado uma imagem amarela ou uma sensação de reconhecimento quando o olhar da pessoa caiu sobre a bola amarela. Nesse caso, poderíamos dizer que o treino correspondente ao ensino instaurou um mecanismo psíquico. Isso, contudo, seria apenas uma hipótese, ou então uma metáfora. Poderíamos *comparar* o ensino com a instalação de uma conexão elétrica entre um interruptor e uma lâmpada. O que corresponderia a uma falha ou colapso da conexão seria então o que chamamos de esquecer a explicação, ou o significado, da palavra. (Precisamos falar, mais adiante, a respeito do significado de "esquecer o significado de uma palavra".)[16]

15. Nos tiposcritos consultados, lê-se "*I give*" [dou]. Já na edição de Rush Rhees, encontra-se "*I gave*" [dei], no que o seguimos.

16. Isso nunca é retomado. (Nota de Rush Rhees.)

Na medida em que o ensino ocasiona a associação, a sensação de reconhecimento etc. etc., ele é a *causa* dos fenômenos de entender, obedecer etc.; e é uma hipótese que o processo de ensino seja necessário para ocasionar esses efeitos. É concebível, nesse sentido, que *todos* os processos de entender, obedecer etc. tivessem ocorrido sem que jamais a linguagem tivesse sido ensinada à pessoa. (Isso, neste exato momento, parece extremamente paradoxal.)

B. O ensino pode nos ter fornecido uma regra que está, ela própria, envolvida nos processos de entender, obedecer etc.; "envolvida", contudo, quer dizer que a expressão dessa regra faz parte desses processos.

Precisamos distinguir entre o que se pode chamar de "um processo que está *de acordo com* uma regra" e "um processo que envolve uma regra" (no sentido acima). [20]

Tome um exemplo. Alguém me ensina a elevar números cardinais ao quadrado; ele escreve a fileira

1 2 3 4

e me pede para elevá-los ao quadrado. (Também nesse caso irei substituir qualquer processo ocorrendo "na mente" por processos de cálculo sobre o papel.) Suponha que, sob a primeira fileira de números, eu então escreva:

1 4 9 16.

O que escrevi está de acordo com a regra geral de elevar ao quadrado; mas é óbvio que também está de acordo com um grande número de outras regras; e, entre elas, não está mais de acordo com uma do que com outra. No sentido em que falamos anteriormente a respeito de uma regra que está envolvida em um processo, *nenhuma* regra estava envolvida neste. Suponha que, para alcançar meus resultados, eu tenha calculado 1 × 1, 2 × 2, 3 × 3, 4 × 4 (ou seja, que nesse caso eu tenha escrito os cálculos); novamente, estes estariam de acordo com um grande número de regras. Suponha, por outro lado, que para alcançar meus resultados eu tivesse escrito o que você pode chamar de "a regra de elevar ao quadrado", digamos algebricamente. Nesse caso, essa regra estava envolvida em um sentido em que nenhuma outra estava.

Diremos que a regra está *envolvida* no entender, no obedecer etc. se, como eu gostaria de me expressar, o símbolo da regra faz parte do cálculo. (Como não estamos interessados em onde tem lugar o processo de pensar, calcular, podemos imaginar, para os nossos propósitos, que os cálculos são feitos inteiramente sobre o papel. Não estamos preocupados com a diferença: interno, externo.) [21]

Um exemplo característico do caso B seria aquele em que o ensino nos fornecesse uma tabela da qual efetivamente fazemos uso ao entender, obedecer etc. Se somos ensinados a jogar xadrez, pode ser que nos ensinem regras. Se então jogamos xadrez, essas regras não precisam estar envolvidas no ato de jogar. Mas podem estar. Imagine, por exemplo, que as regras fossem expressas na forma de uma tabela; em uma coluna são desenhados os formatos das peças e, em uma coluna paralela, encontramos diagramas que mostram a "liberdade" (os movimentos legítimos) das peças. Suponha agora que o modo como o jogo é jogado envolva fazer a transição do formato aos movimentos possíveis passando o dedo sobre a tabela[17] e então fazendo um desses movimentos.

O ensino, considerado como a história hipotética de nossas ações subsequentes (entender, obedecer, estimar um comprimento etc.), desaparece de nossas considerações. A regra que foi ensinada e subsequentemente aplicada nos interessa ape-

17. Nos tiposcritos consultados, lê-se "*from the shape to the possible moves in the table*" [do formato aos movimentos indicados como possíveis na tabela]. Já na edição de Rush Rhees, encontra-se "*from the shape to the possible moves by running one's finger across the table*", no que o seguimos.

nas na medida em que está envolvida na aplicação. Uma regra, na medida em que nos interessa, não age à distância.

Suponha que eu apontasse para um pedaço de papel e dissesse a alguém: "chamo essa cor de 'vermelho'". Depois, dou-lhe a ordem: "agora pinte uma mancha vermelha". Então lhe pergunto: "por que, ao executar minha ordem, você pintou justamente essa cor?". Sua resposta, então, poderia ser: "Esta cor (e aponta para a amostra que lhe dei) foi chamada de vermelho; e a mancha que eu pintei tem, como você vê, a cor da amostra". Ele me deu agora uma razão para ter executado a ordem da maneira como a executou. Dar uma razão para algo que se fez ou que se disse significa mostrar uma *maneira*, um *caminho*, que conduz a essa [22] ação. Em alguns casos isso significa contar o caminho que a própria pessoa percorreu; em outros, significa descrever um caminho que conduz até lá e que está de acordo com certas regras aceitas. Assim, se tivéssemos perguntado "por que você executou minha ordem pintando justamente essa cor?", a resposta poderia descrever o caminho que a pessoa efetivamente tomou para chegar a essa tonalidade específica de cor. Esse teria sido o caso se, ao escutar a palavra "vermelho", ela tivesse pegado a amostra rotulada de "vermelho" que eu lhe havia dado e tivesse *copiado* aquela amostra ao pintar a mancha. Por outro lado, ela poderia tê-la pintado "automaticamente", ou a partir de uma imagem na memória; mas, caso lhe pedíssemos para dar a razão, ela poderia ainda apontar para a amostra e mostrar que ela batia com a mancha pintada. Nesse último caso, a razão dada teria sido do segundo tipo; ou seja, uma justificativa post hoc.

Agora, quando pensamos que a ordem não poderia ser entendida e obedecida sem um ensino prévio, estamos pensando no ensino como fornecendo uma *razão* para se fazer o que se fez; como fornecendo a estrada pela qual andamos. Há agora a ideia de que, se uma ordem é entendida e obedecida, precisa haver uma razão para que a obedeçamos do modo como o fazemos; e, de fato, uma cadeia de razões recuando até o infinito. É como se alguém dissesse: "Onde quer que você esteja, você precisa ter chegado até ali vindo de algum outro lugar, e até esse lugar anterior vindo de um outro lugar; e assim por diante ad infinitum". (Se, por outro lado, você tivesse dito "onde quer que você esteja, você *poderia* ter chegado até ali vindo de outro lugar a dez jardas de distância; e até esse outro lugar vindo de um terceiro lugar dez jardas mais distante, e assim por diante ad infinitum", se tivesse dito isso, você teria enfatizado a infinita *possibilidade* de dar um passo. Assim, [23] a ideia de uma cadeia infinita de razões surge de uma confusão semelhante a esta: que uma linha com certo comprimento consiste em um número infinito de partes porque é ilimitadamente divisível; ou seja, porque não há fim para a possibilidade de dividi-la.)

Se, por outro lado, você perceber que a cadeia de razões *efetivamente dadas* tem um começo, não ficará mais revoltado com a ideia de um caso no qual não há *nenhuma* razão para a maneira como você obedece a ordem. Nesse ponto, contudo, outra confusão se instala, aquela entre razão e causa. Somos levados a essa confusão pelo uso ambíguo da palavra "por quê". Assim, quando a cadeia de razões chegou a um fim e a pergunta "por quê?" ainda é feita, ficamos inclinados a dar uma causa em vez de uma razão.[18] Se, por exemplo, para a pergunta "por que você pintou justamente essa cor quando eu lhe disse para pintar uma mancha vermelha?", você dá a resposta: "Mostraram-me

18. Nos tiposcritos consultados, lê-se "... *one is* then *inclined to give a cause instead of a reason*" [*então* ficamos inclinados a dar uma causa em vez de uma razão], com o termo "então" em destaque. Já na edição de Rush Rhees, encontra-se "... *one is inclined to give a cause instead of a reason*", no que o seguimos.

uma amostra dessa cor e ao mesmo tempo a palavra 'vermelho' foi dita para mim; e, portanto, essa cor vem agora sempre à minha mente quando escuto a palavra 'vermelho'", você então deu uma causa para a sua ação, e não uma razão.

A proposição de que sua ação tem tal e tal causa é uma hipótese. A hipótese está bem fundamentada se tivermos tido certo número de experiências que, falando de modo aproximado, concordam em mostrar que sua ação é a consequência regular de certas condições que nós, então, chamamos de causas da ação. Para saber a razão que você tinha para fazer certa afirmação, para agir de determinada maneira etc., não é necessária qualquer quantidade de experiências concordantes, e a afirmação da sua razão não é uma hipótese. A diferença entre as gramáticas de "razão" e "causa" é bastante semelhante [24] àquela entre as gramáticas de "motivo" e "causa". A respeito da causa, podemos dizer que não podemos *saber*, mas apenas *conjecturar*, qual ela é. Por outro lado, dizemos frequentemente: "É óbvio que *eu* preciso saber por que fiz isso", referindo-nos ao *motivo*. Quando digo: "podemos apenas *conjecturar* a causa, mas *sabemos* o motivo", essa afirmação é gramatical, como será visto mais tarde. O "podemos" se refere a uma possibilidade *lógica*.

O uso duplo da palavra "por quê", perguntando pela causa e perguntando pelo motivo, juntamente com a ideia de que podemos saber, e não apenas conjecturar, nossos motivos, dá margem à confusão de que um motivo é uma causa da qual estamos imediatamente cientes, uma causa "vista de dentro" ou uma causa que experimentamos. — Dar uma razão é como dar um cálculo por meio do qual você chegou a certo resultado.

Retornemos à afirmação de que pensar consiste essencialmente em operar com sinais. Meu ponto era o de que ela é propícia a nos desencaminhar se dizemos que pensar é uma atividade mental.[19] A pergunta a respeito de que tipo de atividade é o pensamento é análoga a esta: "Onde tem lugar o pensamento?". Podemos responder: sobre o papel, em nossa cabeça, na mente. Nenhuma dessas afirmações a respeito da localização nos dá *a* localização do pensamento. O uso de todas essas especificações está correto, mas não podemos deixar que a semelhança de sua forma linguística nos desencaminhe na direção de uma falsa concepção acerca de sua gramática. Como quando você diz, por exemplo: "Evidentemente, o *verdadeiro* lugar do pensamento é em nossa cabeça". O mesmo se aplica à ideia de que pensar é uma atividade. É correto dizer que pensar é uma atividade da nossa mão ao escrever, ou de nossa laringe, de nossa cabeça e [25] de nossa mente, contanto que entendamos a gramática dessas afirmações. Além disso, é extremamente importante perceber o modo como, ao entender mal a gramática de nossas expressões, somos levados a pensar a respeito de uma dessas afirmações, em particular, como oferecendo a *verdadeira* sede da atividade do pensamento.

Há uma objeção a que se diga que pensar é algo como uma atividade da mão. Pensar, gostaríamos de dizer, é parte de nossa "experiência privada". Não é algo material, mas um evento na consciência privada. Essa objeção se expressa na pergunta: "Uma máquina poderia pensar?". Falarei a respeito disso mais adiante,[20] e agora irei apenas indicar uma pergunta análoga: "Uma máquina pode ter dor de dente?". Você certamente estará inclinado a dizer: "Uma máquina não pode ter dor de dente". Tudo o que farei agora é chamar sua atenção para o uso que

19. Em sua edição, Rush Rhees coloca entre aspas o trecho "pensar é uma atividade mental". Seguimos os tiposcritos originais, em que essas aspas não ocorrem.

20. Ver p. [78] para algumas observações acerca desse tópico. (Nota de Rush Rhees.)

você fez da palavra "pode" e lhe perguntar: "Você quis dizer que todas as nossas experiências passadas mostraram que uma máquina nunca teve dor de dente?". A impossibilidade da qual você fala é lógica. A pergunta é: Qual é a relação entre o pensamento (ou a dor de dente) e o sujeito que pensa, que tem dor de dente etc.? Não direi mais nada a respeito disso neste momento.

Se dizemos que pensar é essencialmente operar com sinais, a primeira pergunta que você poderia fazer é: "O que são sinais?". — Em vez de oferecer qualquer tipo geral de resposta a essa pergunta, irei propor que você olhe atentamente para casos particulares que chamaríamos de "operar com sinais". Observemos um exemplo simples de como operamos com palavras. Dou a alguém a ordem: "vá buscar para mim seis maçãs na quitanda", e descreverei um modo de fazer uso [26] de uma ordem como essa: As palavras "seis maçãs" estão escritas sobre um pedaço de papel, o papel é entregue ao quitandeiro, o quitandeiro compara a palavra "maçã" com etiquetas em diferentes prateleiras. Ele nota que a palavra está de acordo com uma das etiquetas, conta de 1 até o número escrito na tira de papel e, para cada número contado, tira uma fruta da prateleira e a coloca em uma sacola. — E aqui você tem um caso do uso de palavras.[21] No futuro, chamarei repetidamente sua atenção para o que vou chamar de jogos de linguagem. Eles são modos mais simples do uso de sinais do que aqueles em que usamos os sinais de nossa altamente complicada linguagem cotidiana.[22]

21. Nos tiposcritos consultados, lê-se "*— And here you have* one *use of words*" [— E aqui você tem *um* uso de palavras]. Já na edição de Rush Rhees, encontra-se "*— And here you have a case of the use of words*", no que o seguimos.

22. Nos tiposcritos consultados, lê-se "*These are processes of using signs simpler than those which usually occur in the use of our highly complicated everyday language*" [Eles são processos mais simples do uso de sinais do que aqueles que normalmente ocorrem no uso de nossa altamente complicada linguagem cotidiana]. Já na edição de Rush Rhees, encontra-se "*These are ways*

Jogos de linguagem são as formas de linguagem com as quais uma criança começa a fazer uso de palavras. O estudo de jogos de linguagem é o estudo de formas primitivas de linguagem, ou linguagens primitivas. Se quisermos estudar os problemas da verdade e da falsidade, do acordo ou do desacordo de proposições com a realidade, da natureza da asserção, da suposição e da interrogação, será muito vantajoso se olharmos para formas primitivas de linguagem nas quais essas formas de pensar aparecem sem o pano de fundo confuso de processos de pensamento altamente complicados. Quando olhamos para tais formas simples de linguagem, a névoa mental que parece envolver nosso uso ordinário da linguagem desaparece. Vemos atividades, reações, as quais são transparentes e com contornos bem definidos. Por outro lado, reconhecemos, nesses processos simples, formas de linguagem que não estão separadas por uma quebra em relação a nossos processos mais complicados. Vemos que podemos ir construindo as formas complicadas a partir das formas primitivas ao adicionar gradualmente novas formas.

Bem, o que torna difícil, para nós, enveredar por essa linha de investigação [27] é o nosso anseio por generalidade.

Esse anseio por generalidade é a resultante de certo número de tendências associadas a confusões filosóficas específicas. Temos —

(*a*) A tendência de procurar por algo em comum a todas as entidades que comumente subsumimos a um termo geral. — Estamos inclinados a pensar que é preciso haver algo em comum, digamos, a todos os jogos, e que essa propriedade comum é a justificativa para aplicar o termo geral "jogo" aos vários jogos; ao passo que jogos formam uma *família* cujos membros têm

→ *of using signs simpler than those in which we use the signs of our highly complicated everyday language*", no que o seguimos.

semelhanças de família. Alguns têm o mesmo nariz, outros a mesma sobrancelha, e outros ainda o mesmo jeito de andar; e essas semelhanças se sobrepõem. A ideia de que um conceito geral é uma propriedade comum de suas instâncias particulares está associada a outras ideias primitivas, excessivamente simplistas, a respeito da estrutura da linguagem. Ela é comparável à ideia de que *propriedades* são *ingredientes* das coisas que têm as propriedades; por exemplo, que a beleza é um ingrediente de todas as coisas belas assim como o álcool é um ingrediente da cerveja e do vinho, e que poderíamos, portanto, ter a beleza pura, não adulterada por qualquer coisa que seja bela.

(*b*) Temos a tendência, enraizada nas nossas formas de expressão usuais, de pensar que o homem que aprendeu a entender um termo geral, digamos, o termo "folha", veio a possuir, por meio desse aprendizado, um tipo de imagem geral da folha, por oposição a imagens de folhas particulares. Quando ele aprendeu o significado da palavra "folha", foram-lhe mostradas diferentes folhas; e mostrar a ele as folhas particulares era somente um meio com a finalidade de produzir "*nele*"[23] uma ideia que nós imaginamos ser algum tipo de imagem geral. Dizemos que ele vê o que há de comum [28] a todas essas folhas; e isso é verdade se com isso queremos dizer que ele, ao ser demandado, consegue nos dizer certos traços ou propriedades que elas têm em comum. Mas estamos inclinados a pensar que a ideia geral de uma folha é algo como uma imagem visual, só que uma imagem que contém apenas o que é comum a todas as folhas. (As fotografias compostas de Galton.) Isso está associado, mais uma vez, à ideia de que o significado de uma palavra é uma imagem ou uma coisa correlacionada à palavra. (Isso signifi-

23. O grifo, que nos tiposcritos consultados é duplo (uma ocorrência rara), está ausente na edição de Rush Rhees.

ca, aproximadamente, que estamos olhando para as palavras como se todas elas fossem nomes próprios, e então confundimos o portador de um nome com o significado do nome.)

(*c*) Mais uma vez, a ideia que fazemos do que acontece quando apreendemos a ideia geral de "folha", "planta" etc. etc. está associada à confusão entre um estado mental, no sentido de um estado de um mecanismo mental hipotético, e um estado mental no sentido de um estado de consciência (dor de dente etc.).

(*d*) Nosso anseio por generalidade tem outra fonte principal: nossa preocupação com o método da ciência. Refiro-me ao método de reduzir a explicação de fenômenos naturais ao menor número possível de leis naturais primitivas; e, na matemática, de unificar o tratamento de diferentes tópicos por meio de uma generalização. Os filósofos veem constantemente o método da ciência diante de si e se sentem irresistivelmente tentados a fazer e a responder perguntas da maneira como a ciência faz. Essa tendência é a verdadeira fonte da metafísica e conduz o filósofo a uma completa escuridão. Quero dizer, aqui, que nunca pode ser nossa tarefa reduzir qualquer coisa a qualquer outra coisa, ou explicar qualquer coisa. A filosofia realmente *é* "puramente descritiva". (Pense em questões como "Há dados sensíveis?" [29] e pergunte: Que método há para determinar tal coisa? Introspecção?)

Em vez de "anseio por generalidade", eu poderia ter dito "a atitude de desprezo em relação ao caso particular". Se, por exemplo, alguém tenta explicar o conceito de número e nos diz que tal e tal definição não funciona ou é descuidada porque se aplica, digamos, apenas a cardinais finitos, eu responderia que o simples fato de que ele possa ter dado uma definição tão limitada torna essa definição extremamente importante para nós. (*Não* é elegância o que estamos buscando.) Pois por que aquilo que números finitos e transfinitos têm em comum deveria ser mais interessante para nós do que aquilo que os distingue? Ou melhor, eu não deveria ter dito "por que isso deveria ser mais interessante para nós?" — *não é*; e isso caracteriza nosso modo de pensar.

Essa atitude em relação ao que é mais geral e ao que é mais específico em lógica está associada ao uso da palavra "tipo", que é propícia a causar confusões. Falamos a respeito de tipos de número, tipos de proposição, tipos de prova; e também de tipos de maçã, tipos de papel etc. Em um sentido, o que define o tipo são propriedades, como doçura, dureza etc. Em outro, os diferentes tipos são diferentes estruturas gramaticais. Um tratado de pomologia pode ser chamado de incompleto se existem tipos de maçã que ele não menciona. Aqui temos um parâmetro de completude na natureza. Suponha, por outro lado, que houvesse um jogo semelhante ao xadrez, porém mais simples, em que peões não fossem usados. Deveríamos chamar esse jogo de incompleto? Ou deveríamos chamar um jogo de "mais completo que o xadrez"[24] se, de algum modo, ele contivesse o xadrez, porém adicionando novos elementos? O desprezo pelo que parece ser o caso menos geral em lógica deriva da ideia de que ele é incompleto. De fato, [30] causa confusão falar da aritmética cardinal como algo específico, por oposição a algo mais geral. A aritmética cardinal não traz nenhuma marca de incompletude; e isso tampouco acontece com uma aritmética que seja cardinal e finita. (Não há distinções sutis entre formas lógicas como há entre os gostos de diferentes tipos de maçã.)

Se estudamos a gramática, digamos, das palavras "desejar", "pensar", "entender", "significar", não ficaremos insatisfeitos se descrevermos vários casos de desejar, pensar etc. Se alguém

24. As aspas estão presentes nos tiposcritos consultados, mas foram ignoradas na edição de Rush Rhees.

dissesse "certamente isso não é tudo o que se chama 'desejar'", deveríamos responder "com certeza não, mas você pode ir construindo casos mais complicados se quiser". E, no fim das contas, não há *uma* classe definida de traços que caracterizam todos os casos de desejar (ao menos não no modo como a palavra comumente é usada). Por outro lado, se você pretende dar uma definição de desejar, isto é, traçar um limite nítido, então você está livre para traçá-lo como quiser; e esse limite nunca coincidirá completamente com o uso efetivo, uma vez que esse uso não tem limites nítidos.

A ideia de que, para termos clareza a respeito do significado de um termo geral, precisaríamos encontrar o elemento comum a todas as suas aplicações aprisionou a investigação filosófica; pois essa ideia não apenas não levou a nenhum resultado, como também fez o filósofo desconsiderar como irrelevantes os casos concretos, os únicos que poderiam tê-lo ajudado a entender o uso do termo geral. Quando Sócrates faz a pergunta "o que é o conhecimento?", ele nem sequer considera como uma resposta *preliminar* a enumeração de casos de conhecimento.[25] Se eu quisesse descobrir que tipo de coisa é a aritmética, certamente ficaria muito satisfeito por ter investigado o caso de uma aritmética cardinal [31] finita. Pois

(*a*) isso me conduziria a todos os casos mais complicados,

(*b*) uma aritmética cardinal finita não é incompleta, ela não tem lacunas que, então, são preenchidas pelo resto da aritmética.

O que acontece se, das 4h às 4h30, **A** espera que **B** venha a seu quarto? Em um sentido no qual se usa a expressão "esperar alguma coisa das 4h às 4h30", ela certamente não se refere a um processo ou estado mental que perdura por todo esse intervalo, mas a um grande número de diferentes atividades e estados

25. *Teeteto*, 146d-147c. (Nota de Rush Rhees.)

mentais. Se, por exemplo, estou esperando que **B** venha para o chá, o que acontece *pode* ser isto: Às quatro horas, olho em minha agenda e vejo o nome "**B**" na data de hoje; preparo chá para duas pessoas; penso por um momento "será que **B** fuma?" e deixo alguns cigarros à disposição; lá pelas 4h30 começo a me sentir impaciente; imagino a aparência que **B** terá quando entrar em meu quarto. Tudo isso é chamado de "esperar **B** das 4h às 4h30". E há inúmeras variações desse processo que todos nós descrevemos pela mesma expressão. Se alguém pergunta o que têm em comum os diferentes processos de esperar alguém para o chá, a resposta é que não há um traço único comum a todos eles, embora haja muitos traços comuns que se sobrepõem. Esses casos de espera formam uma família; eles têm semelhanças de família que não são claramente definidas.

Trata-se de um uso totalmente diferente da palavra "espera" se, quando a usamos, queremos nos referir a uma sensação específica. Esse uso de palavras como "desejo", "espera" etc. é aquele que nos ocorre mais prontamente. Há uma conexão óbvia entre esse uso e aquele descrito antes. Não há dúvida de que, em muitos casos, se estamos esperando alguém no primeiro sentido, algumas ou todas as atividades descritas são acompanhadas por um sentimento, uma tensão específica; e é natural [32] usar a palavra "espera" quando queremos nos referir a essa experiência de tensão.

Surge agora a pergunta: será que devemos chamar essa sensação de "a sensação de espera" ou de "a sensação de espera de que **B** virá"? No primeiro caso, dizer que você está em um estado de espera evidentemente não descreve de maneira completa a situação de esperar que tal e tal coisa irá acontecer. O segundo caso é, muitas vezes, apressadamente sugerido como uma explicação para o uso da expressão "esperar que tal e tal coisa irá acontecer", e você pode até pensar que, com essa explicação, está em terreno seguro, já que qualquer pergunta ulterior será respondida dizendo-se que a sensação de espera é indefinível.

Não há, com efeito, objeções a chamar uma sensação específica de "a espera de que **B** virá". Pode até haver boas razões práticas para usar tal expressão. Apenas note: — se tivermos explicado dessa maneira o significado da expressão "esperar que **B** virá", não explicamos com isso nenhuma expressão derivada dela ao se substituir "**B**" por um nome diferente. Poder-se-ia dizer que a expressão "esperar que **B** virá" não é um valor de uma função "esperar que *x* virá". Para entender isso, compare o nosso caso com o da função "estou comendo *x*". Entendemos a proposição "estou comendo uma cadeira", embora não nos tenham ensinado especificamente o significado da expressão "comer uma cadeira".

O papel que, em nosso presente caso, o nome "**B**" desempenha na expressão "estou esperando **B**" pode ser comparado àquele que o nome "Bright" desempenha na expressão "doença de Bright".[26] Compare a gramática dessa palavra, quando ela denota um tipo específico de doença, com aquela da expressão "doença de Bright", quando ela [33] significa a doença que Bright tem. Irei caracterizar a diferença dizendo que a palavra "Bright", no primeiro caso, é um índice no *nome* complexo "doença de Bright"; no segundo caso, eu a chamarei de um argumento da função "doença de *x*". Pode-se dizer que um índice *alude* a algo, e tal alusão pode ser justificada de muitos modos diferentes. Assim, chamar uma sensação de "a espera de que **B** virá" é dar a ela um nome complexo, e "**B**" possivelmente alude ao homem cuja chegada foi regularmente precedida por aquela sensação.

Podemos também usar a expressão "a espera de que **B** virá" não como um nome, mas como uma característica de certas

26. Ver *Tractatus* 5.02. (Nota de Rush Rhees.)

sensações. Poderíamos, por exemplo, explicar que se diz que uma certa tensão é a espera de que **B** virá caso ela seja aliviada pela chegada de **B**. Se esse é o modo como usamos a expressão, então é verdadeiro dizer que não sabemos o que esperamos até que a espera tenha sido satisfeita (cf. Russell). Mas ninguém pode acreditar que esse é o único modo, ou mesmo o modo mais comum, de usar a palavra "esperar". Se pergunto a alguém "quem você está esperando?" e, depois de receber a resposta, novamente pergunto "Você tem certeza de que não está esperando outra pessoa?", então na maioria dos casos essa pergunta seria considerada absurda, e a resposta será algo como "Sim, claro, eu preciso saber quem estou esperando".

Pode-se caracterizar o significado que Russell dá à palavra "desejar" dizendo-se que, para ele, ela significa uma espécie de fome. — Trata-se da hipótese de que um sentimento específico de fome será aliviado ao se comer uma coisa específica. Do modo como Russell usa a palavra "desejar", não faz nenhum sentido dizer "Eu desejava uma maçã, mas uma pera me satisfez".[27] Algumas vezes, porém, é isso o que dizemos, usando [34] a palavra "desejar" de um modo diferente do de Russell. Nesse sentido, podemos dizer que a tensão de desejar foi aliviada sem que o desejo fosse satisfeito; e também que o desejo foi satisfeito sem que a tensão fosse aliviada. Ou seja, eu posso, nesse sentido, ficar satisfeito sem que meu desejo tenha sido satisfeito.

Alguém agora pode se sentir tentado a dizer que a diferença da qual estamos falando resume-se simplesmente a isto: que em alguns casos sabemos o que desejamos, e em outros, não. Certamente há casos nos quais dizemos "Sinto um vago anseio, embora não saiba pelo quê" ou "Sinto medo, mas não sei do

27. Cf. Bertrand Russell, *The Analysis of Mind*. Londres: George Allen & Unwin LTD., 1922, III. (Nota de Rush Rhees.)

que estou com medo" ou ainda: "Sinto medo, mas não estou com medo de nada em particular".[28] [35]

Podemos agora descrever esses casos dizendo que temos certas sensações que não se referem a objetos. A expressão "não se referem a objetos" introduz uma distinção gramatical. Se, ao caracterizar tais sensações, usamos verbos como "temer", "ansiar" etc., esses verbos serão intransitivos; "eu temo" será análogo a "eu choro". Podemos chorar por alguma coisa, mas aquilo pelo que choramos não é parte constituinte do processo de chorar; vale dizer, poderíamos descrever tudo o que acontece quando choramos sem mencionar aquilo pelo que choramos.

Agora, suponha que eu sugerisse que deveríamos usar a expressão "sinto medo", e outras semelhantes, apenas de maneira transitiva. Sempre que, em casos anteriores, dizíamos "tenho uma sensação de medo" (intransitivamente), diremos agora "estou com medo de algo, mas não sei do quê". Há alguma objeção a essa terminologia?

Podemos dizer: "Não há nenhuma, exceto que estamos usando a palavra 'saber' de uma maneira estranha". Considere este caso: — temos um sentimento geral, não direcionado, de medo. Mais tarde, temos uma experiência que nos faz dizer "Agora eu sei do que estava com medo. Eu estava com medo de que tal e tal acontecesse". Será que é correto descrever minha primeira sensação por meio de um verbo intransitivo, ou será que eu deveria dizer que meu medo tinha um objeto, embora eu não soubesse que ele o tinha? Essas duas formas de descrição [36] podem ser usadas. Para entender isso, examine o seguin-

28. Neste ponto, há uma quebra de página no tiposcrito e uma nova contagem da paginação, em caracteres datilografados, começando em 7. A paginação anterior continua sendo anotada, a lápis, no canto superior direito — e é essa que seguimos. Note-se que a dupla paginação (datilografada e a lápis) prossegue até o final do tiposcrito.

te exemplo: — Podemos julgar prático chamar certo estágio de cárie em um dente, não acompanhado pelo que comumente chamamos de dor de dente, de "dor de dente inconsciente" e, em tal caso, nos expressar dizendo que temos dor de dente, mas não sabemos disso. É exatamente nesse sentido que a psicanálise fala de pensamentos inconscientes, atos volitivos etc. Será então que é errado, nesse sentido, dizer que tenho dor de dente, mas não sei disso? Não há nada de errado com isso, uma vez que se trata apenas de uma nova terminologia e pode ser retraduzida, a qualquer momento, para a linguagem ordinária. Por outro lado, ela obviamente faz uso da palavra "saber" de um modo novo. Se você quer examinar como essa expressão é usada, é útil perguntar a si mesmo "com que se parece, nesse caso, o processo pelo qual se chega a saber algo?", "O que chamamos de 'chegar a saber' ou 'descobrir'?".

Não é errado, de acordo com nossa nova convenção, dizer "Eu tenho uma dor de dente inconsciente". Pois o que mais você pode exigir da sua notação, a não ser que ela distinga entre um dente ruim que não lhe provoca dor de dente e um que provoca? Mas a nova expressão nos desencaminha ao evocar imagens e analogias que tornam difícil, para nós, levar até o fim nossa convenção. E é extremamente difícil descartar [37] essas imagens, a menos que estejamos constantemente alertas; particularmente difícil quando, ao filosofar, meditamos acerca daquilo que *dizemos* a respeito das coisas. Assim, por meio da expressão "dor de dente inconsciente", você pode, por um lado, ser desencaminhado a acreditar que uma descoberta estupenda foi feita, uma descoberta que, em certo sentido, deixa nosso entendimento completamente confuso; ou então você pode ficar extremamente perplexo com essa expressão (a perplexidade da filosofia) e, talvez, fazer uma pergunta como "Como é possível uma dor de dente inconsciente?". Então você pode se sentir tentado a negar a possibilidade da dor de dente inconsciente; mas o cientista lhe dirá que é um fato provado que existe tal coisa, e ele dirá isso como um homem que está destruindo um preconceito comum. Ele dirá: "Isso é obviamente bastante simples; há outras coisas das quais você nada sabe e também pode haver uma dor de dente da qual você nada sabe. É apenas uma nova descoberta". Você não ficará satisfeito, mas não saberá o que responder. Essa situação surge constantemente entre o cientista e o filósofo.

Em um caso como esse, podemos esclarecer o assunto dizendo: "Vejamos como a palavra 'inconsciente', 'saber' etc. etc. é usada *neste* caso, e como é usada em outros casos". *Até que ponto vai a analogia entre esses usos?* Tentaremos também construir novas notações, de modo a quebrar o encantamento daquelas com que estamos acostumados.

Dissemos que um modo de examinar a gramática (o uso) da palavra "saber" era perguntar a nós mesmos o que, no caso específico que estamos examinando, deveríamos chamar de "chegar a saber". Há [38] uma tentação em pensar que essa pergunta é apenas vagamente relevante, se é que chega a ser relevante, para a pergunta: "qual é o significado da palavra 'saber'?". Parece que nos desviamos do caminho quando fazemos a pergunta "Com o que se parece, nesse caso, 'chegar a saber'?". Mas, na verdade, essa é uma pergunta acerca da gramática da palavra "saber", e isso se torna mais claro se a colocamos na forma: "O que *chamamos* de 'chegar a saber'?". É parte da gramática da palavra "cadeira" que *isto* é o que chamamos de "sentar-se em uma cadeira", e é parte da gramática da palavra "significado" que *isto* é o que chamamos de "explicação de um significado"; do mesmo modo, explicar o meu critério para dizer que outra pessoa tem dor de dente é dar uma explicação gramatical a respeito da expressão "dor de dente" e, nesse sentido, uma explicação acerca do significado da expressão "dor de dente".[29]

Quando aprendemos o uso da expressão "tal pessoa tem dor de dente", apontaram-nos certos tipos de comportamento daqueles que, assim se dizia, tinham dor de dente. Como exemplo desses tipos de comportamento, considere o caso em que colocamos a mão na bochecha. Suponha que, por meio de observação, eu tenha descoberto que, em certos casos, quando esses primeiros critérios me diziam que uma pessoa tinha dor de dente, uma mancha vermelha sempre aparecia em sua bochecha. Suponha agora que eu dissesse a alguém "Vejo que **A** tem dor de dente, ele está com uma mancha vermelha na bochecha". Ele pode me perguntar "Como você sabe que **A** tem dor de dente quando você vê uma mancha vermelha?". Eu deveria então indicar que certos fenômenos sempre coincidiram com o surgimento da mancha vermelha.

Agora, alguém pode seguir perguntando: "Como você sabe que ele está [39] com dor de dente quando ele coloca a mão na bochecha?". A resposta a isso poderia ser "Digo que *ele* tem dor de dente quando coloca a mão na bochecha porque eu coloco a mão na bochecha quando tenho dor de dente". Mas e se seguíssemos perguntando: — "E por que você supõe que a dor de dente corresponde a ele colocar a mão na própria bochecha só porque a sua dor de dente corresponde a você colocar a mão na sua bochecha?". Você ficará desorientado diante dessa pergunta e pensará que, aqui, cavamos até a rocha dura, ou seja, descemos até nossas convenções. (Se você sugerir, como resposta à última pergunta, que sempre que vimos pessoas com

29. Nos tiposcritos originais, o uso das aspas é diferente: *e, nesse sentido, "uma explicação acerca do significado da expressão 'dor de dente'"*. Seguimos a correção de Rush Rhees.

a mão na bochecha e lhes perguntamos qual o problema, elas responderam "Tenho dor de dente", — lembre-se de que essa experiência apenas coordena colocar a mão na bochecha com dizer certas palavras.)

Para evitar certas confusões elementares, vamos introduzir dois termos antitéticos: Respondemos à pergunta "Como você sabe que tal e tal coisa é o caso?" algumas vezes apresentando "*critérios*" e, outras vezes, apresentando "*sintomas*". Se a ciência médica chama de angina uma inflamação causada por um bacilo específico e nós perguntamos, num caso específico, "por que você diz que esse homem está com angina?", então a resposta "eu encontrei o bacilo tal e tal no sangue dele" nos dá o critério, ou o que podemos chamar de critério definidor da angina. Se, por outro lado, a resposta foi "A garganta dele está inflamada", isso poderia nos dar um sintoma da angina. Eu chamo de "sintoma" um fenômeno que a experiência nos ensinou coincidir, de uma maneira ou de outra, com o fenômeno que é nosso critério definidor. Então, dizer "Um homem tem angina se este bacilo for encontrado nele" é uma tautologia,[30] [40] ou uma maneira frouxa de indicar a definição de "angina". Mas dizer "Um homem tem angina sempre que tem a garganta inflamada" é fazer uma hipótese.

Na prática, se lhe perguntassem qual fenômeno é o critério definidor e qual é um sintoma, na maioria dos casos você seria incapaz de responder essa pergunta, a não ser por meio de uma decisão arbitrária ad hoc. Pode se mostrar prático definir uma palavra assumindo um fenômeno como seu critério definidor, mas seremos facilmente persuadidos a definir a palavra por

30. Nos tiposcritos originais, o uso das aspas é diferente: *Então, dizer "Um homem tem angina" se este bacilo for encontrado nele é uma tautologia.* Seguimos a correção de Rush Rhees.

meio daquilo que, de acordo com nosso primeiro uso, era um sintoma. Os médicos usarão nomes de doenças sem nunca decidir quais fenômenos devem ser considerados como critérios e quais como sintomas; e isso não precisa ser uma deplorável falta de clareza. Pois lembre-se de que, em geral, não usamos a linguagem de acordo com regras estritas — e ela também não nos foi ensinada por meio de regras estritas. Por outro lado, *nós*, em nossas discussões, constantemente comparamos a linguagem com um cálculo que procede de acordo com regras exatas.

Essa é uma maneira muito unilateral de olhar para a linguagem. Na prática, apenas muito raramente usamos a linguagem como um cálculo desse tipo. Pois, ao usar a linguagem, não apenas não pensamos nas regras de uso — nas definições etc. — como também, quando nos pedem para dar tais regras, na maioria dos casos não somos capazes de fazê-lo. Somos incapazes de circunscrever claramente os conceitos que usamos; não porque não saibamos sua verdadeira definição, mas porque não há "definição" verdadeira para eles. Supor que é *necessário* haver tal coisa seria como supor que, sempre que as crianças estão jogando com uma bola, elas estão jogando um [41] jogo de acordo com regras estritas.

Quando falamos da linguagem como um simbolismo usado em um cálculo exato, o que temos em mente é algo que pode ser encontrado nas ciências e na matemática. Apenas em raros casos nosso uso ordinário da linguagem se conforma a esse padrão de exatidão. Por que então, ao filosofar, constantemente comparamos nosso uso das palavras com um uso que segue regras exatas? A resposta é que as perplexidades que tentamos eliminar sempre surgem precisamente dessa atitude em relação à linguagem.

Tome como exemplo a pergunta "O que é o tempo?", tal como Santo Agostinho e outros a fizeram. À primeira vista, o que essa pergunta pede é uma definição, mas então surge imediatamente a pergunta: "O que teríamos a ganhar com uma definição, já que ela pode nos levar apenas a outros termos não definidos?". E por que deveríamos ficar perplexos somente com a falta de uma definição de tempo, e não com a falta de uma definição de "cadeira"? Por que não deveríamos ficar perplexos em todos os casos em que não temos uma definição? Ora, uma definição frequentemente esclarece a *gramática* de uma palavra. E, de fato, é a gramática da palavra "tempo" o que nos deixa perplexos. Estamos apenas expressando essa perplexidade ao fazer uma pergunta ligeiramente desencaminhadora, a pergunta: "O que é ...?". Essa pergunta é uma manifestação de falta de clareza, de desconforto mental, e é comparável à pergunta "Por quê?", tal como as crianças a fazem tão frequentemente. Também isso é uma expressão de desconforto mental e não demanda necessariamente nem uma causa, nem uma razão. (Hertz, *Princípios da mecânica*.) Pois bem, a perplexidade com relação à gramática da palavra [42] "tempo" surge daquilo que se poderia chamar de contradições aparentes daquela gramática.

Era uma "contradição" como essa o que deixava Santo Agostinho perplexo quando raciocinava: Como é possível que se meça o tempo? Pois o passado não pode ser medido, uma vez que já passou; e o futuro não pode ser medido porque ainda não chegou. E o presente não pode ser medido pois não tem extensão.

A contradição que parece surgir aqui poderia ser chamada de um conflito entre dois usos diferentes de uma palavra, neste caso, da palavra "medir". Agostinho, poderíamos dizer, está pensando no processo de medir um *comprimento*: digamos, a distância entre duas marcas em uma fita em movimento que passa diante de nós, e da qual podemos ver apenas um pedacinho (o presente) à nossa frente. Resolver essa perplexidade consistirá em comparar o que queremos dizer com "medida" (a gramática da palavra "medida") quando aplicada a uma distância na fita em movimento com a gramática daquela palavra quando aplicada ao tempo. O problema pode parecer simples, mas sua extrema dificuldade deve-se ao fascínio que a analogia entre duas estruturas semelhantes de nossa linguagem pode exercer sobre nós. (É útil lembrar aqui que, às vezes, é quase impossível para uma criança acreditar[31] que uma palavra pode ter dois significados.)

Está claro, agora, que esse problema acerca do conceito de tempo pede uma resposta dada na forma de regras estritas. A perplexidade diz respeito a regras. — Tome um outro exemplo: a pergunta de Sócrates "O que é o conhecimento?". Aqui o caso é ainda mais claro, uma vez que a discussão começa com o aluno dando um exemplo de [43] definição exata, e então pede-se uma definição, análoga à anterior, da palavra "conhecimento". Tal como o problema é colocado, parece que há algo errado com o uso ordinário da palavra "conhecimento". Parece que não sabemos o que ela quer dizer e que, portanto, talvez não tenhamos o direito de usá-la. Deveríamos responder: "Não há *um* uso exato da palavra 'conhecimento'; mas podemos inventar vários desses usos, os quais irão concordar em maior ou menor grau com os modos como a palavra é efetivamente usada".

O homem filosoficamente perplexo vê uma lei na maneira como uma palavra é usada e, tentando aplicar consistentemente essa lei, depara com casos em que ela leva a resultados paradoxais. Muito frequentemente a maneira como tal perplexidade é discutida é a seguinte: Primeiro fazemos a pergunta "O que é o tempo?". Essa pergunta faz parecer que o que queremos é uma definição. Erroneamente, pensamos que uma definição é

31. Nos tiposcritos consultados, lê-se "*realise*" [perceber, dar-se conta]. Já na edição de Rush Rhees, encontra-se "*believe*", no que o seguimos.

o que eliminará a dificuldade (do mesmo modo como, quando estamos em certo estado de indigestão, sentimos uma espécie de fome que não pode ser eliminada comendo).[32] A pergunta é então respondida por meio de uma definição incorreta; digamos: “O tempo é o movimento dos corpos celestes”. O próximo passo é ver que essa definição é insatisfatória. Mas isso apenas significa que não usamos a palavra “tempo” como sinônimo de “movimento dos corpos celestes”. Contudo, ao dizer que a primeira definição é incorreta, sentimo-nos agora tentados a pensar que devemos substituí-la por outra diferente, a correta.

Compare a isso o caso da definição de número. Aqui a explicação de que um número é a mesma coisa que um numeral satisfaz o primeiro anseio por uma definição. E é muito difícil [44] não perguntar: “Bem, se não é o numeral, *o que é* ele?”.

A filosofia, do modo como usamos a palavra, é uma luta contra o fascínio que formas de expressão exercem sobre nós.

Quero que você se lembre de que as palavras têm os significados que nós lhes demos; e nós lhes damos significados por meio de explicações. Posso ter dado uma definição para uma palavra e ter usado essa palavra de acordo com a definição, ou as pessoas que me ensinaram o uso da palavra podem ter me dado a explicação. Ou então, por explicação de uma palavra, poderíamos querer dizer a explicação que, quando nos perguntam, estamos prontos a dar. Isto é, se é que *estamos* prontos a dar qualquer explicação; na maioria dos casos, não estamos. Nesse sentido, então, muitas palavras não têm um significado estrito. Mas isso não é um defeito. Pensar assim seria como dizer que a luz do meu abajur de leitura não é de modo algum uma verdadeira luz porque não tem contornos nítidos.

32. Os parênteses não estão presentes nos tiposcritos consultados, tendo sido acrescentados por Rush Rhees, no que o seguimos.

Os filósofos falam, com grande frequência, em investigar, analisar, o significado das palavras. Mas não nos esqueçamos de que a uma palavra não é dado um significado, digamos, por um poder independente de nós, de modo que pudesse haver uma espécie de investigação científica a respeito do *verdadeiro* significado da palavra. Uma palavra tem o significado que alguém lhe deu.

Há palavras com diversos significados claramente definidos. É fácil listar esses significados em uma tabela. E há palavras das quais se poderia dizer: Elas são usadas de mil maneiras diferentes, que gradativamente se interpenetram. Não é de admirar que não possamos listar em uma tabela regras estritas para seu uso. [45]

É incorreto dizer que, em filosofia, examinamos uma linguagem ideal, por oposição à nossa linguagem ordinária. Pois isso faz parecer como se pensássemos que pudéssemos melhorar a linguagem ordinária. Mas está tudo certo com a linguagem ordinária. Sempre que inventamos "linguagens ideais", não é para substituir nossa linguagem ordinária por elas; mas apenas para eliminar alguma dificuldade causada na mente de alguém que pensa ter apreendido o uso exato de uma palavra comum. É essa também a razão pela qual nosso método não é a mera enumeração dos usos que efetivamente fazemos das palavras, mas sim a deliberada invenção de novos usos, alguns dos quais por conta de sua aparência absurda.

Quando dizemos que, por meio do nosso método, tentamos enfrentar os efeitos desencaminhadores de certas analogias, é importante que você entenda que a ideia de que uma analogia seja desencaminhadora não é algo definido com nitidez. Não se podem traçar limites nítidos em torno dos casos nos quais diríamos que um homem foi desencaminhado por uma analogia. O uso de expressões construídas a partir de padrões analógicos enfatiza analogias entre casos frequentemente muito distantes. E, ao fazer isso, essas expressões podem ser extremamente úteis. Na maior parte dos casos, é impossível mostrar um ponto exato em que a analogia começa a nos desencaminhar. Toda notação específica enfatiza algum ponto de vista específico. Se, por exemplo, chamamos nossas investigações de "filosofia", esse título, por um lado, parece apropriado; por outro, certamente desencaminhou as pessoas. (Poder-se-ia dizer que o assunto com o qual estamos lidando é um dos herdeiros do assunto que costumava ser chamado de "filosofia".) Os casos a respeito dos quais gostaríamos particularmente de dizer que alguém [46] está sendo desencaminhado por uma forma de expressão são aqueles em que diríamos: "ele não falaria desse modo se estivesse ciente dessa diferença na gramática de tais e tais palavras, ou se estivesse ciente dessa outra possibilidade de expressão", e assim por diante. Desse modo, podemos dizer de alguns matemáticos filosofantes que eles obviamente não estão cientes da diferença entre os muitos usos diferentes da palavra "prova"; e que não têm clareza acerca da diferença entre os usos da palavra "tipo" quando falam a respeito de tipos de número, tipos de prova, como se a palavra "tipo", aqui, significasse a mesma coisa que no contexto "tipos de maçã". Ou, podemos dizer, eles não estão cientes dos diferentes *significados* da palavra "descoberta" quando falamos, em um caso, da descoberta da construção do pentágono e, em outro, da descoberta do polo Sul.

Ora, quando distinguimos um uso transitivo e um uso intransitivo de palavras como "ansiar", "temer", "esperar" etc., havíamos dito que alguém poderia tentar atenuar nossas dificuldades dizendo: "A diferença entre os dois casos é simplesmente que, em um caso, sabemos aquilo pelo que estamos ansiando, e, no outro, não sabemos". Penso então que quem diz isso obviamente não vê que a diferença que estava tentando eliminar por meio dessa explicação reaparece quando examinamos cuidadosamente o uso da palavra "saber" nos dois casos. A expressão "a diferença é simplesmente ..." faz parecer como se tivéssemos analisado o caso e descoberto uma análise simples; como acontece quando assinalamos que duas substâncias com nomes muito diferentes diferem muito pouco em sua composição. [47]

Havíamos dito, nesse caso, que poderíamos usar ambas as expressões: "sentimos um vago anseio" (em que "ansiar" é usado intransitivamente) e "sentimos um vago anseio e não sabemos pelo quê". Pode parecer estranho dizer que podemos usar corretamente qualquer uma de duas formas de expressão que parecem contradizer uma à outra; mas tais casos são muito frequentes.

Utilizemos o seguinte exemplo para esclarecer isso. Dizemos que a equação $x^2 = -1$ tem a solução $\pm\sqrt{-1}$. Houve uma época em que se dizia que essa equação não tinha solução. Ora, essa afirmação, quer esteja ou não de acordo com aquela que nos deu as soluções, certamente não tem a sua multiplicidade. Mas podemos facilmente lhe dar essa multiplicidade ao dizer que uma equação $x^2 + ax + b = 0$ não tem solução, mas chega a uma distância α da solução mais próxima, que é β.[33] Analogamente,

33. Wittgenstein está discutindo, nesse trecho, as possíveis maneiras de falar a respeito de equações do segundo grau e suas soluções. A forma geral de tais equações costuma ser indicada como $ax^2 + bx + c = 0$. Wittgenstein, porém, adota aqui a forma normalizada $x^2 + ax + b = 0$, em que o coeficiente do termo quadrático é fixado como sendo 1, o que não altera minimamente a generalidade da discussão. Para entender os comentários feitos nessa passagem, o leitor deve ter em mente que funções de segundo grau ($y = x^2 + ax + b$) descrevem sempre uma parábola, ou seja, uma curva em forma de U. Esse U pode intersectar ou não o eixo horizontal x. Quando esse U intersecta o eixo x, a equação correspondente $x^2 + ax + b = 0$ tem duas soluções reais (ou seja, dois números reais que a tornam verdadeira). Inversamente, quando esse U não intersecta o eixo x, a equação correspondente não tem nenhuma solução real. Nesse caso — eis o que Wittgenstein está apontando —, há duas maneiras de expressar a situação. Por um lado, podemos dizer que a equação tem duas soluções *complexas*, ou seja, que há dois *números complexos* que a tornam

podemos dizer tanto "Uma linha reta sempre intersecta uma circunferência; algumas vezes em pontos reais, algumas vezes em pontos complexos" como "Uma linha reta ou intersecta uma circunferência ou não a intersecta e está a uma distância α de fazê-lo". Essas duas afirmações significam exatamente o mesmo. Elas serão mais ou menos satisfatórias segundo a maneira como um homem queira olhar para elas. Ele pode querer tornar tão inconspícua quanto possível a diferença entre intersectar e não intersectar. Ou, por outro lado, pode querer enfatizá-la; e qualquer uma dessas tendências pode ser justificada, digamos, por seus propósitos práticos específicos. Mas essa pode absolutamente não ser a razão pela qual ele prefere uma forma de expressão à outra. Qual forma ele prefere, e se ele realmente tem alguma preferência, depende frequentemente de tendências gerais, profundamente enraizadas, [48] do seu pensamento.

(Será que deveríamos dizer que existem casos em que um homem despreza outro homem e não sabe disso; ou será que deveríamos descrever tais casos dizendo que ele não o despreza, mas que, sem intenção, comporta-se em relação a ele de uma maneira — dirige-se a ele em certo tom de voz etc. — que, em

→ verdadeira, a saber: $s1 = [-a + \sqrt{(a^2 - 4b)}] / 2$ e $s2 = [-a - \sqrt{(a^2 - 4b)}] / 2$, em que $(a^2 - 4b)$ é um número negativo. Evidentemente, porém, esses números complexos não estão representados no eixo x, que é um eixo de números reais (para representar números complexos, é necessário um sistema de representação distinto). Mas também é possível dizer que a "solução mais próxima" da equação — o ponto do U que mais se aproxima do eixo x, vale dizer, sua extremidade inferior — é o ponto real (β, α), em que a coordenada x é dada por $\beta = -a/2$ e a coordenada y — vale dizer, a distância desse ponto até o eixo x — é dada por $\alpha = -(a^2 - 4b)/4$. Note-se que α e β podem ser calculados caso saibamos as duas soluções complexas s1 e s2. Mais precisamente: $\alpha = (s1 - s2)^2/4$ e $\beta = (s1 + s2)/2$). Inversamente, caso saibamos α e β, as duas soluções complexas podem ser calculadas. E é por esse último motivo que Wittgenstein pode dizer que as duas formas de expressão — aquela que fala em "soluções complexas" e aquela que fala na "solução mais próxima" —, embora aparentemente contraditórias, possuem a mesma multiplicidade, ou que "significam exatamente o mesmo".

geral, acompanharia o desprezo? Qualquer uma dessas formas de expressão está correta; mas elas podem denunciar diferentes tendências mentais.)[34]

Voltemos a examinar a gramática das expressões "desejar", "esperar", "ansiar por" etc., e consideremos aquele caso sumamente importante em que a expressão "Desejo que tal e tal coisa aconteça" é a descrição direta de um processo consciente. Ou seja, o caso em que estaríamos inclinados a responder à pergunta "Você tem certeza de que é isso o que você deseja?" dizendo: "Eu certamente preciso saber o que desejo". Compare agora essa resposta àquela que a maioria de nós daria à pergunta: "Você sabe o ABC?". Será que a asserção enfática de que você sabe tem um sentido análogo ao da primeira asserção? Num certo sentido, ambas as asserções afastam a pergunta. Mas a primeira não pretende dizer "Eu certamente sei uma coisa tão simples como essa", mas sim: "Essa sua pergunta não faz sentido". Poderíamos dizer: Nesse caso, adotamos um método incorreto de afastar a pergunta. "É claro que eu sei" poderia aqui ser substituído por "É claro, não há dúvida", e isso poderia ser interpretado como querendo dizer "Nesse caso, não faz sentido falar de uma dúvida". Desse modo, a resposta "É claro que eu sei o que desejo" pode ser [49] interpretada como uma afirmação gramatical.

É semelhante a quando perguntamos "Este quarto tem um comprimento?" e alguém responde: "É claro que tem". Ele poderia ter respondido "Não faça perguntas sem sentido". Por outro lado, "O quarto tem um comprimento" pode ser usada como uma afirmação gramatical. Ela diz, então, que uma frase com a forma "O quarto tem —— pés de comprimento" faz sentido.

34. Nos tiposcritos consultados, não ocorrem os parênteses envolvendo este parágrafo. Eles foram inseridos na edição de Rush Rhees, no que o seguimos.

Uma enorme quantidade de dificuldades filosóficas está associada a esse sentido das expressões "desejar", "pensar" etc., que estamos examinando agora. Todas elas podem ser resumidas na pergunta: "Como se pode pensar o que não é o caso?".

Esse é um belo exemplo de uma questão filosófica. Ela pergunta "Como se pode ...?" e, ainda que isso nos deixe perplexos, precisamos admitir que nada é mais fácil do que pensar o que não é o caso. Quero dizer, isso nos mostra, mais uma vez, que a dificuldade em que estamos não surge devido à nossa inabilidade de imaginar como fazemos para pensar algo; assim como a dificuldade filosófica acerca da medição do tempo não surgia devido à nossa inabilidade de imaginar como o tempo era efetivamente medido. Digo isso porque às vezes chega quase a parecer que nossa dificuldade é a de lembrar exatamente o que aconteceu quando pensamos algo, uma dificuldade de introspecção, ou algo do gênero; ao passo que, de fato, ela surge quando olhamos para os fatos através do *medium* de uma forma de expressão desencaminhadora.

"Como se pode pensar o que não é o caso? Se penso que o King's College está pegando fogo quando ele não está pegando fogo, o fato de que ele está pegando fogo não existe. Então como posso pensá-lo? [50] Como podemos enforcar um ladrão que não existe?" Nossa resposta poderia ser colocada da seguinte forma: "Eu não posso enforcá-lo quando ele não existe; mas posso procurá-lo quando ele não existe".

Somos aqui desencaminhados pelos substantivos "objeto do pensamento" e "fato", e pelos diferentes significados da palavra "existe".

Falar do fato como sendo um "complexo de objetos" deriva dessa confusão (cf. *Tractatus Logico-Philosophicus*). Suponha que perguntássemos: "Como se pode *imaginar* o que não existe?". A resposta parece ser: "Se o fazemos, imaginamos combinações não existentes de elementos existentes". Um centauro não existe, mas a cabeça e o torso e os braços de um homem, bem como as patas de um cavalo, esses sim, existem. "Mas será que não podemos imaginar um objeto completamente diferente de qualquer um que exista?" — Estaríamos inclinados a responder: "Não; os elementos, os *individuals*,[35] precisam existir. Se a vermelhidão, a redondeza e a doçura não existissem, não poderíamos imaginá-las".

Mas o que você quer dizer com "a vermelhidão existe"? O meu relógio existe, caso não tenha sido feito em pedaços, caso não tenha sido *destruído*. O que chamaríamos de "destruir a vermelhidão"? Com isso, é claro, poderíamos estar querendo dizer destruir todos os objetos vermelhos; mas será que isso tornaria impossível imaginar um objeto vermelho? Suponha que, aqui, alguém respondesse: "Mas certamente objetos vermelhos precisam ter existido e você precisa tê-los visto se você é capaz de imaginá-los".[36] — Mas como você sabe que é assim? Suponha que eu dissesse "Exercer uma pressão sobre seu globo ocular produz uma imagem vermelha". Será que o modo como você inicialmente se tornou familiarizado com o vermelho não poderia ter sido esse? E por que não poderia ter sido, simplesmente, imaginando uma mancha vermelha? (A dificuldade que você talvez[37] sinta [51] aqui terá de ser discutida em uma ocasião posterior.)[38]

35. Em seus textos escritos em alemão, Wittgenstein frequentemente usa a palavra inglesa para se referir a esse importante conceito da lógica dos *Principia Mathematica*, de Bertrand Russell e Alfred Whitehead (para exemplos notáveis, ver *Tractatus Logico-Philosophicus*, 5.553 e *Investigações filosóficas*, §46).

36. Nos tiposcritos consultados, não aparece o último trecho da frase acima: "se você é capaz de imaginá-los". Ele foi inserido na edição de Rush Rhees, no que o seguimos.

37. Nos tiposcritos consultados, lê-se "*the difficulty which you will feel*" [a dificuldade que você sentirá]. Já na edição de Rush Rhees, encontra-se "*the difficulty which you may feel*", no que o seguimos.

38. Ele não faz isso. (Nota de Rush Rhees.)

Podemos agora estar inclinados a dizer: "Como o fato que tornaria verdadeiro nosso pensamento caso existisse nem sempre existe, não é o *fato* aquilo que pensamos". Mas isso depende, justamente, do modo como quero usar a palavra "fato". Por que eu não deveria dizer: "Eu acredito no fato de que a faculdade está pegando fogo"? É somente uma expressão desajeitada para dizer: "Eu acredito que a faculdade está pegando fogo". Dizer "Não é no fato que acreditamos" é, por si só, resultado de uma confusão. Pensamos que estamos dizendo algo como: "Não é a cana-de-açúcar o que comemos, mas sim o açúcar", "Não é o sr. Smith que está pendurado na galeria, mas sua fotografia".

O próximo passo que estamos inclinados a dar é pensar que, já que o objeto do nosso pensamento não é o fato, ele é uma sombra do fato. Há diferentes nomes para essa sombra, por exemplo, "proposição", "sentido da frase".

Mas isso não elimina nossa dificuldade. Pois a questão agora é: "Como pode algo ser a sombra de um fato que não existe?".

Posso expressar nossa dificuldade de uma forma diferente dizendo: "Como podemos saber de que coisa a sombra é sombra?". — A sombra seria uma espécie de retrato; e, portanto, posso reformular nosso problema perguntando: "O que faz de um retrato o retrato do sr. N.?". A resposta que pode primeiramente nos ocorrer é: "A semelhança entre o retrato e o sr. N.". Essa resposta mostra, de fato, o que tínhamos em mente quando falávamos [52] da sombra de um fato. É bastante claro, no entanto, que a semelhança não constitui nossa ideia de um retrato; pois é essencial para essa ideia que faça sentido falar de um bom ou de um mau retrato. Em outras palavras, é essencial que a sombra seja capaz de representar coisas tal como elas de fato não são.

Uma resposta óbvia, e correta, à pergunta "O que faz de um retrato o retrato de fulano?" é a seguinte: a *intenção*. Mas, se desejamos saber o que significa "ter a intenção de que esse seja um retrato de fulano", vejamos o que realmente acontece quando temos essa intenção. Lembre-se da ocasião em que falamos do que acontecia quando esperávamos alguém entre quatro e quatro e trinta.[39] Ter a intenção de que um retrato seja o retrato de fulano (da parte do pintor, por exemplo) não é nem um estado mental específico nem um processo mental específico. Mas há muitas combinações de ações e estados mentais que chamaríamos de "ter a intenção de ...". Pode ser que lhe tenham pedido para pintar um retrato de N. e que ele tenha se sentado diante de N., realizando certas ações que chamamos de "copiar a face de N.". Alguém poderia objetar a isso dizendo que a essência do copiar é a intenção de copiar. Eu responderia que há muitos processos diferentes que chamamos de "copiar algo". Considere um exemplo. Traço uma elipse sobre uma folha de papel e peço que você a copie. O que caracteriza o processo de copiar? Pois é claro que não é [53] o fato de que você traça uma elipse semelhante. Você poderia ter tentado copiá-la e não ter conseguido; ou você poderia ter traçado uma elipse com uma intenção totalmente diferente e ter acontecido de ela ser parecida com aquela que você deveria ter copiado. O que então você faz quando tenta copiar a elipse? Bem, você olha para ela, traça algo sobre um pedaço de papel, talvez meça o que traçou, talvez pragueje caso ache que ela não está de acordo com o modelo; ou talvez diga "Vou copiar essa elipse" e simplesmente trace uma elipse como aquela. Há uma variedade infinita de ações e palavras, com uma semelhança de família entre elas, que chamamos de "tentar copiar".

Suponha que disséssemos: "que uma imagem seja um retrato de um objeto específico consiste em que ela é derivada daquele

39. Nos tiposcritos consultados, lê-se "entre cinco e cinco e trinta". Seguimos a correção de Rush Rhees.

objeto de uma maneira específica". Ora, é fácil descrever o que chamaríamos de processos de derivar uma imagem a partir de um objeto (aproximadamente falando, processos de projeção). Mas há uma dificuldade peculiar em admitir que qualquer um desses processos é aquilo que chamamos de "representação intencional". Pois qualquer que seja o processo (atividade) de projeção que possamos descrever, há uma maneira de reinterpretar essa projeção. Portanto — sentimo-nos tentados a dizer —, tal processo nunca pode ser a intenção ela mesma. Pois, se reinterpretamos o processo de projeção, sempre poderíamos ter tido a intenção oposta. Imagine este caso: Damos a alguém uma ordem para caminhar em certa direção apontando ou desenhando uma seta que aponta nessa direção. Suponha que desenhar setas seja a linguagem na qual geralmente [54] damos uma ordem como essa. Será que tal ordem não poderia ser interpretada como querendo dizer que o homem que a recebe deve caminhar na direção oposta àquela da seta? Isso certamente poderia ser feito acrescentando-se à nossa seta alguns símbolos que poderíamos chamar de "uma *interpretação*". É fácil imaginar um caso no qual, talvez para enganar alguém, poderíamos combinar que uma ordem devesse ser executada no sentido oposto ao sentido normal. O símbolo que acrescenta a interpretação à nossa seta original poderia, por exemplo, ser uma outra seta. Sempre que interpretamos um símbolo de uma maneira ou de outra, a interpretação é um novo símbolo acrescentado ao símbolo anterior.

Bem, poderíamos dizer que, sempre que damos uma ordem a alguém mostrando-lhe uma seta, e não o fazemos "mecanicamente" (sem pensar),[40] com essa seta *queremos dizer* uma coisa

40. Nos tiposcritos consultados, lê-se "*automatically*" [automaticamente]. Já na edição de Rush Rhees, encontra-se "*mechanically (without thinking)*", no que o seguimos.

ou outra. E esse processo de querer dizer, qualquer que seja o seu tipo, pode ser representado por outra seta (apontando no mesmo sentido ou no sentido oposto ao da primeira). Nessa imagem que fazemos de "querer dizer e dizer" é essencial que possamos imaginar que os processos de dizer e de querer dizer têm lugar em duas esferas diferentes.[41]

Acaso então é correto dizer que nenhuma seta poderia ser o significado, aquilo que queremos dizer, já que com cada uma das setas poderíamos querer dizer o oposto? — Suponha que escrevêssemos o esquema de dizer e querer dizer por meio de uma coluna de setas uma abaixo da outra.

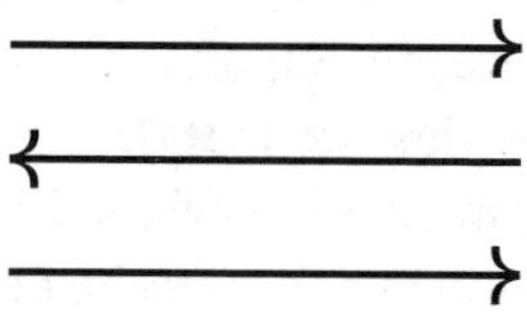

[55]

41. A oposição entre *saying* e *meaning*, que traduzimos como "dizer" e "querer dizer", ganha destaque neste parágrafo e nos seguintes. Com efeito, o que caracteriza o verbo inglês *to mean*, nesses contextos, é a intencionalidade associada ao ato de fala: ele é usado para indicar aquilo que alguém realmente quer dizer (tem a intenção de dizer), por oposição àquilo que meramente diz. Trata-se de um problema muito próximo ao que já enfrentamos com o verbo alemão *meinen*, em nossa tradução das *Investigações filosóficas* e do *Sobre a certeza* (ver o Vocabulário crítico dessas edições). Em inglês, porém, acrescenta-se um novo problema, que também discutimos em nossa tradução do *Livro marrom* (ver nota aposta à p. [100]). Acontece que o substantivo *meaning*, derivado do verbo *to mean*, indica tanto o processo pelo qual alguém (realmente) quer dizer algo quanto o *significado* daquilo que se diz (pois "significado" é a tradução mais corrente do substantivo *meaning*). A reflexão wittgensteiniana explora justamente essa ambiguidade. Contudo, a adoção de dois termos marcadamente diferentes em português ("querer dizer" e "significado"), para traduzir um mesmo conceito no original (*to mean* e *meaning*), impediria o leitor de notar a unidade da discussão filosófica. Nossa solução foi, em primeiro lugar, adotar consistentemente a locução "querer dizer" e suas variantes substantivadas ("aquilo que se quer dizer" etc.); e, em segundo lugar, para aqueles casos em que era particularmente importante manter em vista as duas acepções de *meaning*, sobrepor as duas traduções: "o significado, aquilo que se quer dizer".

Então, para que esse esquema possa, de alguma maneira, servir a nossos propósitos, ele precisa nos mostrar qual dos três níveis é o nível do significado, o nível daquilo que queremos dizer. Eu posso, por exemplo, fazer um esquema com três níveis, sendo que o nível inferior sempre indica aquilo que realmente queremos dizer. Mas, qualquer que seja o modelo ou esquema que você possa adotar, ele terá um nível inferior, e não haverá coisa alguma que seja uma interpretação para ele. Dizer, nesse caso, que cada uma das setas ainda pode ser interpretada apenas quereria dizer que eu sempre *poderia* fazer um modelo diferente de dizer e querer dizer, o qual tivesse um nível a mais do que o modelo que estou usando.

Coloquemos a questão da seguinte maneira: — O que se gostaria de dizer é: "Todo sinal é passível de interpretação; mas o *significado, aquilo que queremos dizer*, não pode de modo algum ser passível de interpretação. Ele é a última interpretação". Suponho agora que você tome o significado, o querer dizer, como um processo que acompanha o dizer, e que é traduzível para, e nessa medida equivalente a, um outro sinal. Portanto, você ainda precisa me dizer o que considera ser a marca distintiva entre *um sinal* e *o significado, aquilo que queremos dizer*. Se você o fizer, por exemplo, dizendo que o significado é uma seta que você *imagina*, em contraposição a qualquer seta que você possa traçar ou produzir de qualquer outra maneira, com isso está dizendo que não chamará nenhuma outra seta de uma interpretação daquela que você imaginou.

Tudo isso ficará mais claro se considerarmos o que de fato acontece quando dizemos uma coisa e realmente queremos dizer o que estamos dizendo. — Perguntemos a nós mesmos: Se dizemos a alguém "Seria um imenso prazer encontrá-lo" e realmente queremos dizer isso, será que um processo consciente corre em paralelo a essas palavras, um processo que pudesse, ele próprio, ser [56] traduzido em palavras ditas em voz alta? Isso quase nunca será o caso.

Mas imaginemos um exemplo em que isso efetivamente acontece. Suponha que eu tivesse o hábito de acompanhar toda frase em inglês que digo em voz alta por uma frase em alemão dita internamente para mim mesmo. Se então, por qualquer razão que seja, você tratar a frase silenciosa como sendo o significado, aquilo que realmente quero dizer com a frase dita em voz alta, o processo de querer dizer que acompanha o processo de dizer poderia ser, ele próprio, traduzido em sinais externos. Ou ainda, *antes* de qualquer frase dita em voz alta, dizemos aquilo que queremos dizer, o significado (qualquer que ele seja), para nós mesmos, numa espécie de aparte. Um exemplo ao menos semelhante ao caso que temos em vista seria dizer uma coisa e, ao mesmo tempo, ver uma imagem diante do olho de nossa mente que é o significado, aquilo que queremos dizer, e que está ou não de acordo com aquilo que dizemos. Tais casos, e outros semelhantes, existem, mas não são de modo algum o que acontece, via de regra, quando dizemos algo querendo dizer realmente o que dissemos, ou querendo dizer outra coisa. Há, é claro, casos reais em que aquilo que chamamos de querer dizer é um processo consciente bem definido que acompanha, precede ou se segue à expressão verbal e é ele próprio alguma espécie de expressão verbal, ou uma expressão que pode ser traduzida em uma expressão verbal. Um exemplo típico disso é um "aparte" num palco.

Mas o que nos tenta a pensar a respeito do significado do que dizemos, daquilo que queremos dizer com o que dizemos, como sendo um processo essencialmente da mesma espécie que nós acabamos de descrever é a analogia entre as seguintes formas de expressão:

"dizer algo",
"querer dizer algo", [57]

as quais parecem se referir a dois processos paralelos.

Um processo que acompanha nossas palavras, o qual se poderia chamar de "processo de querer dizer o que se diz", é a modulação da voz com que falamos tais palavras; ou um processo semelhante a esse, envolvendo expressões faciais. Esses processos não acompanham as palavras faladas da maneira como uma frase em alemão poderia acompanhar uma frase em inglês, ou como o ato de escrever uma frase poderia acompanhar o ato de falar uma frase; mas no sentido em que a melodia de uma canção acompanha a sua letra. Essa melodia corresponde ao "sentimento" com o qual dizemos a frase. E eu gostaria de chamar a atenção para o fato de que esse sentimento é a expressividade com a qual a frase é dita, ou algo semelhante a essa expressividade.

Voltemos à nossa pergunta: "Qual é o objeto de um pensamento?" (por exemplo, quando dizemos "Penso que o King's College está pegando fogo").

Essa pergunta, tal como a colocamos, já é a expressão de diversas confusões. Isso se mostra pelo simples fato de que ela soa quase como uma questão da física; como se perguntássemos: "Quais são os constituintes últimos da matéria?". (Trata-se de uma pergunta tipicamente metafísica; e o que é característico de uma pergunta metafísica é o fato de que expressamos certa falta de clareza a respeito da gramática das palavras sob a *forma* de uma pergunta científica.)

Uma das origens da nossa pergunta é o uso ambíguo da função proposicional "Estou pensando *x*". Nós dizemos "Estou pensando que tal e tal coisa acontecerá" ou "que tal e tal coisa é o caso", e também "Estou pensando exatamente a mesma *coisa* que ele"; e dizemos "Estou esperando [58] por ele", e também "Estou esperando que ele venha". Compare "Estou esperando por ele" e "Estou atirando nele". Não podemos atirar nele se ele não está aqui. É assim que surge a pergunta: "Como podemos esperar por algo que não é o caso?", "Como podemos esperar por um fato que não existe?".

A maneira de escapar a essa dificuldade parece ser: aquilo pelo que estamos esperando não é o fato, mas uma sombra do fato; por assim dizer, a coisa que mais se aproxima do fato. Já dissemos que isso apenas empurra a pergunta um passo para trás. Há diversas origens para essa ideia de uma sombra. Uma delas é a seguinte: dizemos "É evidente que duas frases de línguas distintas podem ter o mesmo sentido"; e argumentamos "portanto, o sentido não é o mesmo que a frase", e perguntamos "O que é o sentido?". E fazemos "dele" uma entidade semelhante a uma sombra, uma das muitas que criamos quando queremos dar significado a substantivos aos quais não corresponde nenhum objeto material.

Uma outra fonte da ideia de que o objeto de nosso pensamento é uma sombra é esta: Imaginamos a sombra como uma imagem cuja intenção *não pode ser questionada*, ou seja, uma imagem que não interpretamos para entender, mas que entendemos sem interpretar. De fato, há imagens a respeito das quais diríamos que as interpretamos, ou seja, que as traduzimos em um tipo diferente de imagem para que as entendamos; e imagens a respeito das quais diríamos que as entendemos imediatamente, sem qualquer interpretação adicional. Se você vê um telegrama escrito em linguagem cifrada e conhece a chave para essa [59] linguagem, em geral não dirá que entende o telegrama antes de tê-lo traduzido para a linguagem ordinária. É evidente que você apenas substituiu um tipo de símbolo por outro; e, ainda assim, se agora você lê o telegrama na sua língua, nenhum processo adicional de interpretação terá lugar. — Ou melhor, agora você pode, em certos casos, traduzir novamente esse telegrama, digamos em uma imagem; mas também aqui você apenas substituiu um conjunto de símbolos por outro.

A sombra, tal como pensamos nela, é uma espécie de imagem; de fato, algo muito parecido com as imagens que aparecem diante do olho da nossa mente; e, mais uma vez, isso não é muito diferente de uma representação pintada, em sentido ordinário. Uma fonte da ideia da sombra é certamente o fato de que, em alguns casos, dizer, ouvir ou ler uma frase traz imagens diante do olho da nossa mente, imagens que correspondem de modo mais ou menos estrito à frase e que são, portanto, em certo sentido, traduções dessa frase em uma linguagem imagética. — Imaginamos a sombra como uma imagem, mas é absolutamente essencial para essa imagem que ela seja aquilo que chamarei de uma "imagem por semelhança". Com isso, não quero dizer que se trata de uma imagem semelhante àquilo que se intencionava representar, mas sim que se trata de uma imagem que é correta apenas quando é semelhante ao que representa. Poderíamos usar a palavra "cópia" para esse tipo de imagem. Falando de modo aproximado, cópias são boas imagens quando podem ser facilmente tomadas por aquilo que representam.

Uma projeção plana de um dos hemisférios do nosso globo [60] terrestre não é uma imagem por semelhança ou uma cópia nesse sentido. Seria concebível que eu retratasse a face de alguém projetando-a sobre um pedaço de papel de algum modo estranho, ainda que correto segundo a regra de projeção adotada, de modo que ninguém normalmente chamaria essa projeção de "um bom retrato de fulano" porque ela não se pareceria nem um pouco com ele.

Se mantivermos em mente a possibilidade de uma imagem que, embora correta, não tem qualquer semelhança com seu objeto, a interpolação de uma sombra entre a frase e a realidade perde completamente seu propósito. Pois agora a frase, ela própria, pode cumprir o papel de tal sombra. A frase é precisamente uma tal imagem, a qual não tem qualquer semelhança com o que representa. Se estivermos em dúvida a respeito do modo como a frase "O King's College está pegando fogo" pode ser uma imagem do King's College pegando fogo, precisamos apenas nos perguntar: "Como explicaríamos o que essa frase quer dizer?". Tal explicação poderia consistir em definições ostensivas. Diríamos, por exemplo, "este é o King's College" (apontando para o prédio), "isto é algo pegando fogo" (apontando para algo pegando fogo). Isso lhe mostra a maneira como palavras e coisas podem ser conectadas.[42]

A ideia de que aquilo que desejamos que aconteça precisa estar presente como uma sombra em nosso desejo está profundamente enraizada em nossas formas de expressão. Mas, de fato, poderíamos dizer que esse absurdo fica atrás apenas do absurdo que realmente gostaríamos de dizer. Se não fosse absurdo demais, diríamos que o fato que desejamos precisa estar presente em nosso desejo. Pois como podemos desejar que *precisamente isso* aconteça se precisamente isso não está presente em nosso desejo? [61] É perfeitamente verdadeiro dizer: A mera sombra não basta; pois ela não chega a alcançar o objeto; e queremos que o desejo contenha o objeto ele mesmo. — Queremos que o desejo de que o sr. Smith entre neste quarto deseje que precisamente o *sr. Smith* (e nenhum substituto) faça a *entrada* (e nenhum substituto disso) *em meu quarto* (e nenhum substituto disso). Mas isso é exatamente o que dissemos.

Nossa confusão poderia ser descrita da seguinte maneira: Em perfeito acordo com nossa forma de expressão usual, pensamos no fato que desejamos como uma coisa que ainda não está

42. Nos tiposcritos consultados, lê-se "*This is the way we connect words with things*" [Essa é a maneira como conectamos palavras a coisas]. Já na edição de Rush Rhees, encontra-se "*This shews you the way in which words and things may be connected*", no que o seguimos.

aqui e para a qual, portanto, não podemos apontar. Ora, para entender a gramática de nossa expressão "objeto do nosso desejo", basta considerar a resposta que damos à pergunta: "Qual é o objeto do seu desejo?". A resposta a essa pergunta é, obviamente, "Eu desejo que tal e tal coisa aconteça". Mas qual seria a resposta se continuássemos perguntando: "E qual é o objeto desse desejo?"? Ela só poderia consistir em uma repetição da nossa expressão anterior do desejo, ou então em uma tradução para alguma outra forma de expressão. Poderíamos, por exemplo, formular o que desejávamos em outras palavras ou ilustrá-lo por meio de uma imagem etc. etc. Agora, quando temos a impressão de que aquilo que chamamos de objeto do nosso desejo é, por assim dizer, um homem que ainda não entrou no nosso quarto e que, portanto, ainda não pode ser visto, imaginamos que qualquer explicação do que é isso que desejamos é apenas o que mais se aproxima da explicação que mostraria *o fato real* — o qual, tememos, ainda não pode ser [62] mostrado, já que ele ainda não entrou. — É como se eu dissesse a alguém "Estou esperando pelo sr. Smith", e essa pessoa me perguntasse "Quem é o sr. Smith?", e eu respondesse "Não posso mostrá-lo para você agora, já que ele não está aqui. Tudo o que posso lhe mostrar é uma imagem dele". Assim, é como se eu nunca pudesse explicar inteiramente o que desejava até que aquilo realmente acontecesse. Mas é claro que isso é uma ilusão.[43] A verdade é que eu não preciso ser capaz de oferecer uma explicação melhor para o que eu desejava depois que o desejo foi realizado do que antes de ele se realizar; pois eu poderia perfeitamente bem ter mostrado o sr. Smith para o meu amigo, e ter-lhe mostrado o que

43. Nos tiposcritos consultados, lê-se "*But of course this is not the case*" [Mas é claro que esse não é o caso]. Já na edição de Rush Rhees, encontra-se "*But of course this is a delusion*", no que o seguimos.

"entrar" quer dizer, e ter-lhe mostrado qual é o meu quarto, antes que o sr. Smith entrasse em meu quarto.

Nossa dificuldade poderia ser posta desta maneira: Pensamos a respeito de coisas, — mas como é que essas coisas entram em nossos pensamentos? Pensamos a respeito do sr. Smith; mas o sr. Smith não precisa estar presente. Uma imagem dele não basta; pois como é que saberemos quem ela representa? De fato, nenhum substituto dele bastará. Assim, como é que ele próprio pode ser um objeto de nossos pensamentos? (Estou usando aqui a expressão "objeto de nosso pensamento" de um modo diferente daquele que usei antes. Quero dizer, agora, uma coisa *a respeito da qual* estou pensando, e não "aquilo que estou pensando".)

Dissemos que a conexão entre nosso pensar, ou falar, a respeito de um homem e o homem ele próprio foi feita quando, para explicar o significado da expressão "sr. Smith", apontamos para ele dizendo "este é o sr. Smith". E não há nada de misterioso a respeito dessa conexão. Quero dizer, não há um ato mental estranho que de algum modo conjura o sr. Smith em nossas mentes quando ele, de fato, [63] não está aqui. O que torna difícil ver que essa é a conexão é uma forma de expressão peculiar de nossa linguagem ordinária, que faz parecer que a conexão entre nosso pensamento (ou a expressão do nosso pensamento) e a coisa a respeito da qual pensamos precisa ter subsistido *durante* o ato de pensar.

"Não é estranho que, na Europa, nós sejamos capazes de querer nos referir a alguém que está na América?" — Se alguém tivesse dito "Napoleão foi coroado em 1804" e lhe perguntássemos "Você quis se referir ao homem que venceu a Batalha de Austerlitz?", a pessoa poderia dizer "Sim, eu quis me referir a ele". E o uso do pretérito "quis me referir" poderia gerar a aparência de que a ideia de Napoleão ter vencido a Batalha de Austerlitz precisa ter estado presente na mente da pessoa quando ela disse que Napoleão foi coroado em 1804.

Alguém diz "O sr. N. virá me visitar esta tarde"; eu pergunto "Você quer se referir a ele?", apontando para alguém presente, e a pessoa responde "Sim". Nessa conversa, foi estabelecida uma conexão entre a expressão "sr. N." e o sr. N. Mas sentimo-nos tentados a pensar que, enquanto meu amigo dizia "O sr. N. virá me visitar", e realmente queria dizer o que disse, sua mente precisava ter feito a conexão.

É parcialmente isso o que nos faz pensar acerca do querer dizer ou do pensar como uma *atividade mental* peculiar; aqui, a palavra "mental" serve para indicar que não podemos de modo algum esperar entender como essas coisas funcionam.

O que dissemos acerca do pensar também pode ser aplicado ao imaginar. Alguém diz: ele está imaginando o King's College pegar fogo. Perguntamos a ele: "Como você sabe que é o *King's College* que você está imaginando pegar fogo? Acaso não poderia ser um prédio diferente, muito parecido com ele? De
[64] fato, será que sua imaginação é tão absolutamente precisa a ponto de não poder haver uma dúzia de outros prédios que pudessem ser representados pela imagem que você está fazendo?". — E, ainda assim, você diz: "Não há qualquer dúvida de que estou imaginando o King's College e não um outro prédio". Mas será que dizer isso não pode estar fazendo precisamente a conexão que queremos? Pois dizer isso é como escrever as palavras "Retrato do sr. Fulano" sob uma imagem. Pode ter ocorrido que, *enquanto* você imaginava o King's College pegar fogo, você dissesse as palavras "O King's College está pegando fogo". Mas em muitíssimos casos você certamente não pronuncia palavras explicativas em sua mente enquanto tem a imagem. E veja: mesmo que o faça, você não percorre todo o caminho desde a imagem até o King's College, mas apenas até as pala-

vras "King's College". A conexão entre essas palavras e o King's College talvez tenha sido feita em outro momento.

O erro que estamos inclinados a cometer em todo o nosso raciocínio acerca desses assuntos é achar que imagens e experiências de toda sorte, que estão em algum sentido intimamente associadas umas às outras, precisam estar presentes em nossa mente ao mesmo tempo. Se cantamos uma melodia que sabemos de cor, ou se recitamos o alfabeto, as notas ou as letras parecem estar conectadas e cada uma parece arrastar consigo a próxima, como se fossem um cordão de pérolas em uma caixa e, ao puxar uma pérola para fora, eu puxasse aquela que a segue.[44]

Ora, não há dúvida de que, ao ter a imagem visual de um cordão de contas de vidro sendo puxado para fora de uma caixa através de um buraco na tampa, estaríamos inclinados a dizer:[45] "É preciso que essas contas de vidro estivessem todas juntas antes na caixa". Mas é fácil ver que fazer isso é fazer uma [65] hipótese. Eu teria tido[46] a mesma imagem caso as contas de vidro ganhassem existência, uma a uma, no buraco

44. Nos tiposcritos consultados, lê-se "*... and each seems to draw out the next as though they were pearls strung on a thread, and by pulling out one I pulled out the one following it*" [... e cada uma parece arrastar consigo a próxima para fora, como se fossem pérolas atadas em um cordão e, ao puxar uma para fora, eu puxasse aquela que a segue]. Já na edição de Rush Rhees, encontra-se "*and each seems to draw the next after it, as though they were a string of pearls in a box, and by pulling out one pearl I pulled out the one following it*", no que o seguimos.

45. Nos tiposcritos consultados, lê-se "*Now there is no doubt that seeing the picture of a string of beads being pulled out of a box through a hole in the lid, I should say*" [Ora, não há dúvida de que ao ver a imagem de um cordão de contas de vidro sendo puxado para fora de uma caixa através de um buraco na tampa, eu diria]. Já na edição de Rush Rhees, encontra-se "*Now there is no doubt that, having the visual image of a string of beads being pulled out of a box through a hole in the lid, we should be inclined to say*", no que o seguimos.

46. Nos tiposcritos consultados, lê-se "*I should have seen ...*" [Eu teria visto]. Já na edição de Rush Rhees, encontra-se "*I should have had ...*", no que o seguimos.

da tampa. Nós desconsideramos facilmente a distinção entre declarar um evento mental consciente e fazer uma hipótese acerca daquilo que poderíamos chamar de mecanismo da mente. Tanto mais que tais hipóteses ou imagens a respeito do funcionamento de nossa mente estão incorporadas a muitas das formas de expressão de nossa linguagem cotidiana. O pretérito "quis me referir", na frase "Eu quis me referir ao homem que venceu a Batalha de Austerlitz", é parte[47] de tal imagem, em que a mente é concebida como um lugar no qual fica guardado, armazenado, aquilo que recordamos, antes que o expressemos. Se assobio uma melodia que conheço bem e sou interrompido no meio, se então alguém me pergunta "você sabia como prosseguir?", eu responderia "sim, sabia". Que espécie de processo é esse *saber como prosseguir*? Poderia parecer que toda a continuação da melodia precisava estar presente enquanto eu sabia como prosseguir.

Faça a si mesmo uma pergunta como: "Saber como prosseguir dura quanto tempo?". Ou se trata de um processo instantâneo? Será que não estamos cometendo um erro semelhante a confundir a existência de uma gravação fonográfica de uma melodia com a existência da melodia? E será que não estamos supondo que, cada vez que uma melodia ganha existência, precisa haver alguma espécie de gravação fonográfica dela, a partir da qual ela é tocada?

Considere o seguinte exemplo: Uma arma é disparada em minha presença e eu digo: "O estrondo não foi tão alto quanto eu [66] esperava". Alguém me pergunta: "Como isso é possível? Será que havia um estrondo, mais alto que o da arma, em sua imaginação?". Preciso confessar que não havia nada do gêne-

47. Nos tiposcritos consultados, lê-se "... *is only part*" [... é apenas uma parte]. Já na edição de Rush Rhees, encontra-se "... *is part*", no que o seguimos.

ro. Agora ele diz: "Então você realmente não estava esperando um estrondo mais alto — mas talvez a sombra de um. — E como você sabia que era a sombra de um estrondo mais alto?". — Vejamos o que, em tal caso, poderia realmente ter acontecido. Talvez, ao esperar pelo estampido, eu tenha entreaberto a boca, segurado em algo para me apoiar, e talvez tenha dito: "Isso vai ser terrível". Então, quando a explosão terminou: "Não foi tão alto, afinal de contas". — Certas tensões em meu corpo relaxam. Mas qual é a conexão entre essas tensões, o entreabrir de minha boca etc., e um estrondo real, mais alto? Talvez essa conexão tenha sido feita por eu já ter escutado um estrondo como esse e ter tido as experiências mencionadas.

Examine expressões tais como "ter uma ideia em mente", "analisar a ideia que se tem diante da mente". Para que não sejamos desencaminhados por elas, veja o que realmente acontece quando, digamos, ao escrever uma carta, você está procurando pelas palavras que expressam corretamente a ideia que está "diante de sua mente". Dizer que estamos tentando expressar a ideia que está diante de nossa mente é usar uma metáfora, uma que se oferece muito naturalmente; e que é adequada desde que não nos desencaminhe quando filosofamos. Pois, quando recordamos o que realmente acontece em tais casos, encontramos uma grande variedade de processos mais ou menos aparentados uns aos outros. — Poderíamos, de todo modo, estar inclinados a dizer que em todos esses casos somos *guiados* por alguma coisa diante de nossa mente. [67] Mas então as expressões "guiados" e "coisa diante de nossa mente" estão sendo usadas em sentidos tão diversos quanto as palavras "ideia" e "expressão de uma ideia".

A locução "expressar uma ideia que está diante de nossa mente" sugere que o que estamos tentando expressar em palavras já está expresso, só que em uma linguagem diferente;

que essa expressão está diante do olho de nossa mente; e que o que fazemos é traduzir da linguagem mental para a linguagem verbal. Na maioria dos casos que chamamos de "expressar uma ideia etc.", algo muito diferente acontece. Imagine o que é que acontece em casos como este: Estou tateando em busca de uma palavra.[48] Diversas palavras são sugeridas e eu as rejeito. Finalmente uma é proposta e eu digo: "É isso o que eu queria dizer!".

(Estaríamos inclinados a dizer que a prova da impossibilidade de trissectar o ângulo com régua e compasso analisa nossa ideia de trissecção de um ângulo. Mas a prova nos dá uma nova ideia de trissecção, uma que não tínhamos antes que a prova a construísse. A prova nos conduziu por um caminho *que estávamos inclinados a percorrer*; mas ela nos afastou de onde estávamos, sem ter nos mostrado claramente o lugar em que havíamos estado todo aquele tempo.)[49]

Retornemos ao ponto em que dissemos que não ganhamos coisa alguma ao supor que uma sombra precisa intervir entre a expressão de nosso pensamento e a realidade da qual nosso pensamento se ocupa. Dissemos que, se queríamos uma ima-

48. Nos tiposcritos consultados, lê-se "*I am looking for a word*" [Estou buscando uma palavra]. Já na edição de Rush Rhees, encontra-se "*I am groping for a word*", no que o seguimos.

49. O texto original é "*but it led us away from where we were, and didn't just show us clearly the place where we had been all the time*". A função do advérbio "*just*" [apenas] é fundamental para entender o sentido da passagem, e parece ambígua no inglês de Wittgenstein. Na interpretação adotada por nós, o advérbio reforça a ideia de que a prova não nos mostrou claramente o lugar onde estávamos — esperávamos que ela fizesse isso, e foi exatamente ("*just*") isso o que ela não fez. Em outra interpretação — adotada, por exemplo, nas traduções francesa (de Marc Goldberg e Jérôme Sackur) e italiana (de A. G. Conte) —, o advérbio sugere que a prova não tem *apenas* uma função, mas duas: tanto nos afastar da posição inicial quanto esclarecê-la. Se adotássemos essa interpretação, a tradução seria: "mas ela nos afastou de onde estávamos, e não apenas nos mostrou claramente o lugar em que havíamos estado todo aquele tempo".

gem da realidade, a própria frase *é* uma tal imagem (embora não uma [68] "imagem por semelhança").[50]

Em tudo isso, tenho tentado eliminar a tentação de pensar que "*precisa* haver" o que é chamado de um processo mental de pensar, ter esperança, desejar, acreditar etc., independente do processo de expressar um pensamento, uma esperança, um desejo etc. E quero lhe dar a seguinte regra prática: Se você estiver perplexo a respeito da natureza do pensamento, da crença, do conhecimento e de coisas semelhantes, substitua o pensamento pela expressão do pensamento etc. A dificuldade que reside nessa substituição, e ao mesmo tempo todo o propósito dela, é esta: a expressão de uma crença, de um pensamento etc. é apenas uma frase; — e a frase tem sentido apenas como um membro de um sistema de linguagem; como uma expressão no interior de um cálculo. Ora, sentimo-nos tentados a imaginar esse cálculo, por assim dizer, como um pano de fundo permanente para toda frase que dizemos, e a pensar que, embora a frase pronunciada ou escrita sobre um pedaço de papel esteja isolada, no ato mental de pensar o cálculo está lá — tudo de misturada. O ato mental parece realizar, de uma maneira miraculosa, aquilo que não poderia ser realizado por nenhum ato de manipulação de símbolos. Ora, no momento em que desaparece a tentação de pensar que, em algum sentido, todo o cálculo precisa estar presente ao mesmo tempo, já não há mais nenhum propósito em *postular* a existência de um tipo peculiar de ato mental concomitante à nossa expressão. Isso, é claro, não significa que tenhamos mostrado que atos peculiares de consciência não acompanham a expressão de nossos pensamentos! Apenas que não mais dizemos que eles *precisam* acompanhá-los. [69]

50. As aspas estão presentes nos tiposcritos consultados, mas foram ignoradas na edição de Rush Rhees.

"Mas a expressão dos nossos pensamentos sempre pode mentir, pois podemos dizer uma coisa e querer dizer outra." Imagine as muitas coisas diferentes que acontecem quando dizemos uma coisa e queremos dizer outra! — Faça o seguinte experimento: diga a frase "Está quente neste quarto", querendo dizer: "está frio". Observe atentamente o que você está fazendo.

Poderíamos facilmente imaginar seres cujo pensamento privado se faz por meio de "apartes" e que contam suas mentiras dizendo uma coisa em voz alta seguida por um aparte que diz o oposto.

"Mas querer dizer, pensar etc. são experiências privadas. Não são atividades como escrever, falar etc." — Mas por que elas não poderiam ser a experiência privada específica de escrever — as sensações musculares, visuais, táteis de escrever ou falar?

Faça o seguinte experimento: diga e queira dizer uma frase, por exemplo: "Amanhã provavelmente choverá". Agora pense novamente o mesmo pensamento, queira dizer aquilo que você agora há pouco quis dizer, mas sem dizer nada (nem em voz alta, nem para você mesmo). Se pensar que amanhã choverá acompanhou o ato de dizer que amanhã choverá, então faça apenas a primeira atividade e deixe de lado a segunda. — Se pensar e falar estavam na mesma relação em que estão as palavras e a melodia de uma canção, poderíamos deixar de lado a fala e realizar o pensamento do mesmo modo como podemos cantar a melodia sem as palavras.

Mas de toda maneira, será que alguém não pode falar e deixar de lado o pensamento? [70] Certamente — mas observe que tipo de coisa você está fazendo se fala sem pensar. Observe, antes de tudo, que não é necessariamente por meio do que acontece *no momento em que você fala* que você distingue o processo que poderíamos chamar de "falar e querer dizer o que se fala" daquele de falar sem pensar. O que distingue os dois pode muito bem ser aquilo que acontece antes ou depois que você fala.

Suponha que eu tentasse, deliberadamente, falar sem pensar; — o que, de fato, eu faria? Eu poderia ler em voz alta uma frase de um livro, tentando lê-la automaticamente, ou seja, tentando me resguardar de acompanhar a frase com imagens e sensações que, em outras circunstâncias, ela produziria. Uma maneira de fazer isso seria concentrar minha atenção em alguma coisa diferente enquanto falo a frase, por exemplo, beliscando com força minha pele enquanto falo. — Coloque desta maneira: Falar uma frase sem pensar consiste em ligar a chave do discurso e desligar a chave de certos acompanhamentos do discurso. Agora pergunte a si mesmo: Será que pensar a frase sem a falar consiste em inverter a chave (ligando o que havíamos previamente desligado e vice-versa); ou seja: será que pensar a frase sem a falar consiste agora simplesmente em manter ligado o que acompanhava as palavras, mas deixando de lado as palavras? Tente pensar os pensamentos de uma frase sem a frase e veja se é isso o que acontece.

Resumindo: Se inspecionamos os usos que fazemos de expressões tais como "pensar", "querer dizer", "desejar" etc., [71] percorrer esse processo nos livra da tentação de procurar por um ato específico de pensar que seja independente do ato de expressar nossos pensamentos, e que ficasse secretamente armazenado em algum *medium* peculiar. As formas de expressão estabelecidas não mais nos impedem de reconhecer que a experiência de pensar *pode* ser apenas a experiência de dizer, ou pode consistir nessa experiência acrescida de outras que a acompanham. (Também é útil examinar o seguinte caso: Suponha que uma multiplicação seja parte de uma frase; pergunte a você mesmo como é dizer a multiplicação 7 × 5 = 35 pensando nela e, por outro lado, dizê-la sem pensar.) A inspeção atenta da gramática de uma palavra enfraquece a posição de certos padrões fixos[51] de nossa expressão, que antes nos impediam de ver fatos com olhos não enviesados. Nossa investigação tentou eliminar esse viés, que nos força a pensar que os fatos *precisam* se conformar a certas imagens entranhadas em nossa linguagem.

"Querer dizer" é uma das expressões das quais se pode falar que desempenham tarefas estranhas em nossa linguagem. São essas palavras e expressões que causam a maioria das dificuldades filosóficas. Imagine uma instituição: a maior parte de seus membros tem certas funções regulares, funções que podem ser facilmente descritas, digamos, nos estatutos da instituição. Há, por outro lado, alguns membros empregados em tarefas estranhas, as quais podem, porém, ser extremamente importantes. — O que causa a maior dificuldade em filosofia é que estamos tentados a descrever o uso de palavras importantes "com tarefas estranhas" como se fossem palavras com funções regulares.[52] [72]

A razão pela qual adiei falar a respeito de experiências pessoais é que pensar acerca desse tópico levanta uma gama de dificuldades filosóficas que ameaçam desmantelar todas as nossas noções usuais, pertencentes ao senso comum, a respeito daquilo que chamaríamos, normalmente, de objetos de nossa experiência. E, caso fôssemos perturbados por esses problemas, poderia nos parecer que tudo aquilo que dissemos a respeito de sinais e

51. Nos tiposcritos consultados, lê-se "*standards*" [padrões]. Já na edição de Rush Rhees, encontra-se "*fixed standards*", no que o seguimos.

52. Há um espaçamento maior no início da p. [72], indicando provável mudança da aula em que Wittgenstein realizou seu ditado. Em versões preliminares do *Livro azul*, o início e o fim de cada aula eram claramente marcados no tiposcrito. A presente quebra é uma das poucas marcas remanescentes dessa prática nos tiposcritos mais tardios que serviram de base para a presente edição.

dos vários objetos que mencionamos em nossos exemplos teria de ser mandado de volta aos estágios iniciais de fundição.

De certo modo, essa situação é típica no estudo de filosofia; e às vezes ela é descrita dizendo-se que nenhum problema filosófico pode ser resolvido até que todos os problemas filosóficos sejam resolvidos; o que significa que, enquanto todos eles não estiverem resolvidos, cada nova dificuldade torna questionáveis todos os resultados anteriores. Se tivermos de falar a respeito da filosofia em termos assim tão gerais, podemos oferecer apenas uma resposta precária a essa afirmação.[53] É que cada novo problema que surge pode colocar em questão a *posição* que nossos resultados parciais anteriores devem ocupar na imagem final.[54] Fala-se então em ter de reinterpretar esses resultados anteriores; e nós diríamos: eles precisam ser colocados em um novo ambiente.

Imagine que tivéssemos de organizar os livros de uma biblioteca. Quando começamos, os livros estão espalhados por toda parte no chão. Ora, haveria muitas maneiras de classificá-los e colocá-los em seus lugares. Uma delas seria pegar os livros um a um e colocar cada um deles em seus devidos lugares na prateleira. Por outro lado, [73] poderíamos pegar certo número de livros do chão e colocá-los na prateleira em um só bloco, apenas para

53. Nos tiposcritos consultados, lê-se "*One can only give a rough answer to this if one speaks in such general terms*" [Caso se fale em termos assim tão gerais, só se pode oferecer uma resposta precária a isso]. Já na edição de Rush Rhees, encontra-se "*To this statement we can only give a rough answer if we are to speak about philosophy in such general terms*", no que o seguimos.

54. Nos tiposcritos consultados, lê-se "*It is, that every new problem may question the* position *which partial results should occupy in the final picture*" [É que cada novo problema pode colocar em questão a *posição* que os resultados parciais deveriam ocupar na imagem final]. Já na edição de Rush Rhees, encontra-se "*It is, that every new problem which arises may put in question the* position *which our previous partial results are to occupy in the final picture*", no que o seguimos.

indicar que esses livros deveriam ficar juntos nessa ordem. No decurso da organização da biblioteca, esse bloco de livros terá de mudar de lugar como um todo. Mas seria errado dizer que, por essa razão, colocá-los juntos na prateleira não foi um passo na direção do resultado final. Nesse caso, de fato, é bastante óbvio que ter agrupado livros afins foi uma conquista definitiva, ainda que o bloco como um todo tivesse de ser movido. Mas algumas das maiores conquistas em filosofia poderiam apenas ser comparadas com pegar alguns livros que pareciam ter afinidade e colocá-los em prateleiras diferentes; não havendo nada de definitivo a respeito de suas posições, a não ser que eles não ficam mais lado a lado. O observador que não conhece a dificuldade da tarefa poderia muito bem pensar, em um caso como esse, que não se conquistou coisa alguma. — A dificuldade, em filosofia, é não dizer mais do que sabemos. Por exemplo, ver que, quando temos de agrupar dois livros na ordem correta, com isso não os colocamos em seus lugares definitivos.

Quando pensamos acerca da relação entre os objetos que nos rodeiam e as experiências pessoais que temos deles, às vezes nos sentimos tentados a dizer que essas experiências pessoais são o material em que consiste a realidade. Como surge essa tentação se tornará mais claro posteriormente.

Quando pensamos dessa maneira, parece que deixamos de apreender com firmeza os objetos que nos rodeiam. E, em vez disso, o que nos sobra é [74] uma porção de experiências pessoais isoladas, de diferentes indivíduos.[55] Essas experiências pessoais, por sua vez, parecem vagas e parecem estar em constante fluxo. Nossa linguagem parece não ter sido feita para descrevê-las. Sentimo-nos tentados a pensar que, para esclarecer

55. Nos tiposcritos consultados, lê-se "*individuals*". Já na edição de Rush Rhees, encontra-se "*different individuals*", no que o seguimos.

filosoficamente tais assuntos, nossa linguagem ordinária é demasiadamente grosseira, que precisamos de uma mais refinada.

Parece que fizemos uma descoberta — que eu poderia descrever dizendo que o chão sobre o qual estávamos, e que dava a impressão de ser firme e confiável, revelou-se pantanoso e inseguro. — Ou melhor, isso acontece quando filosofamos; pois tão logo retornamos ao ponto de vista do senso comum, essa incerteza *generalizada* desaparece.

Essa estranha situação pode ser esclarecida, em alguma medida, se olhamos para um exemplo; de fato, uma espécie de parábola que ilustra a dificuldade em que estamos, e que também mostra uma saída para esse tipo de dificuldade: Divulgadores da ciência nos disseram que o assoalho em que estamos não é sólido, como parece ao senso comum, pois foi descoberto que a madeira consiste em partículas que preenchem o espaço de modo tão tênue que ele quase pode ser chamado de vazio. É provável que isso nos deixe perplexos, pois, de certa maneira, é óbvio que sabemos que o assoalho é sólido, ou, caso não o seja, tal coisa poderia se dever ao fato de a madeira estar podre, mas não ao fato de ser composta de elétrons. Dizer, com base nisso, que o assoalho não é sólido é um mau uso da linguagem. Pois mesmo que as partículas fossem tão grandes quanto grãos de areia e tão próximas umas das outras como são os grãos em um monte de areia, o [75] assoalho não seria sólido se fosse composto delas no sentido em que o monte de areia é composto dos grãos. Nossa perplexidade baseava-se em um mal-entendido; a imagem de um espaço tenuemente preenchido havia sido *aplicada* de maneira incorreta. Pois essa imagem da estrutura da matéria pretendia explicar justamente o fenômeno da solidez.

Assim como, nesse exemplo, a palavra "solidez" foi usada de maneira incorreta e parecia que havíamos mostrado que nada era realmente sólido, da mesma maneira, ao formular nossas perplexidades a respeito da *vagueza generalizada* da experiência sensível, e a respeito do fluxo de todos os fenômenos, estamos usando as palavras "fluxo" e "vagueza" de maneira incorreta, de uma maneira tipicamente metafísica, a saber, sem uma antítese; ao passo que, no seu uso correto e cotidiano, vagueza é oposta a clareza, fluxo a estabilidade, imprecisão a precisão, e *problema* a *solução*. A própria palavra "problema", poder-se-ia dizer, está mal aplicada quando usada para nossas dificuldades filosóficas. Enquanto são vistas como problemas, essas dificuldades nos atraem e atormentam, e parecem insolúveis.

Há uma tentação, para mim, de dizer que apenas a minha própria experiência é real: "Eu sei que *eu* vejo, escuto, sinto dores etc., mas não que qualquer outra pessoa o faz. Não posso saber isso porque eu sou eu, e eles são eles".

Por outro lado, envergonho-me de dizer a qualquer outra pessoa que minha experiência é a única real; e sei que ela irá replicar que ela própria poderia dizer exatamente a mesma coisa a respeito de sua experiência. Isso parece levar a uma disputa tola. Também [76] me dizem: "Se você sente pena de alguém por ter dores, certamente você precisa ao menos *acreditar* que ele tem dores". Mas como posso sequer *acreditar* nisso? Como podem essas palavras fazer sentido para mim? Como é que eu poderia ter sequer chegado à ideia da experiência de uma outra pessoa, se não há nenhuma possibilidade de qualquer evidência disso?

Mas não seria essa uma pergunta estranha de se fazer? Será que é *impossível* para mim acreditar que alguma outra pessoa tem dores? Acaso não é bastante fácil acreditar nisso? — Será que é uma resposta dizer que as coisas são como parecem ser ao senso comum? — Mais uma vez, é desnecessário dizer que não sentimos essas dificuldades na vida cotidiana. E também não é verdade dizer que as sentimos quando inspecionamos nossas experiências por introspecção, ou quando fazemos investigações científicas a seu respeito. De alguma maneira, porém, quando olhamos para elas de certo modo, nossa expressão está propensa a se enredar. Temos a impressão, ou de que tínhamos as peças erradas, ou de que não tínhamos peças suficientes para montar nosso quebra-cabeça. Mas elas estão todas lá, só que todas misturadas; e há ainda outra analogia entre o quebra-cabeça e o nosso caso: Não adianta tentar aplicar força para fazer com que as peças se encaixem. Tudo o que deveríamos fazer é olhar para elas *cuidadosamente* e organizá-las.[56] [77]

Há proposições a respeito das quais podemos dizer que descrevem fatos no mundo material (mundo exterior). Aproximadamente falando, elas tratam de objetos físicos: corpos, fluidos etc. Não estou pensando, particularmente, nas leis das ciências naturais, mas em qualquer proposição como "as tulipas de nosso jardim desabrocharam completamente", ou "Smith chegará a qualquer momento". Há, por outro lado, proposições que descrevem experiências pessoais, como quando o paciente de um experimento psicológico descreve suas experiências sensíveis; digamos, sua experiência visual, independentemente de quais corpos de fato estão diante de seus olhos e, note bem, independentemente também de quaisquer processos que pudessem ser observados como tendo lugar em sua retina, em seus nervos, em seu cérebro ou em outras partes de seu corpo. (Ou seja, independentemente tanto de fatos físicos quanto de fatos fisiológicos.)

À primeira vista, pode parecer (mas por que isso é assim só poderá ficar claro mais tarde) que aqui temos dois tipos de mundos, mundos construídos a partir de diferentes materiais; um mundo mental e um mundo físico. De fato, estamos pro-

56. Há um espaçamento maior ao fim da p. [76], indicando provável mudança da aula em que Wittgenstein realizou seu ditado. Ver nota no início da p. [72].

pensos a imaginar o mundo mental como gasoso, ou melhor, etéreo. Mas deixe-me lembrá-lo, aqui, do estranho papel que o gasoso e o etéreo desempenham em filosofia, — quando percebemos que um substantivo não está sendo usado como aquilo que, em geral, chamaríamos de o nome de um objeto, e quando, portanto, não conseguimos evitar dizer a nós mesmos que ele é o nome de um objeto etéreo. Quero dizer, nós já conhecemos a ideia de "objetos etéreos" como um subterfúgio, quando nos sentimos embaraçados em relação à gramática de certas palavras, [78] e quando tudo o que sabemos é que elas não estão sendo usadas como nomes para objetos materiais. Isso é uma dica para o modo como o problema dos dois materiais, *mente* e *matéria*, irá se dissolver.

Às vezes parece-nos como se os fenômenos da experiência pessoal fossem, de certo modo, fenômenos do estrato superior da atmosfera, em contraposição aos fenômenos materiais que ocorrem no chão. Há pontos de vista segundo os quais esses fenômenos no estrato superior surgem quando os fenômenos materiais alcançam certo grau de complexidade. Por exemplo, segundo os quais os fenômenos mentais, a experiência sensível, a volição etc. emergem quando um tipo de corpo animal evoluiu até alcançar certa complexidade. Parece haver alguma verdade óbvia nisso, pois a ameba certamente não fala ou escreve ou discute, ao passo que nós o fazemos. Por outro lado, surge aqui o problema que poderia ser expresso pela pergunta: "É possível que uma máquina pense?" (quer a ação dessa máquina possa ser descrita e predita pelas leis da física, quer — possivelmente — apenas por leis de um tipo diferente, que se aplicam ao comportamento de organismos). E a dificuldade expressa nessa pergunta não é realmente que ainda não conhecemos uma máquina que pudesse cumprir essa tarefa. A pergunta não é análoga àquela que alguém poderia ter feito cem anos atrás:

"Uma máquina pode liquefazer um gás?". A dificuldade é, antes, que a frase "Uma máquina pensa (percebe, deseja)" parece, de algum modo, não fazer sentido. É como se tivéssemos perguntado "O número 3 tem uma cor?". ("De que cor ele poderia ser, já que obviamente [79] não tem nenhuma das cores conhecidas por nós?") Pois, sob certo aspecto da questão, a experiência pessoal, longe de ser o *produto* de processos físicos, químicos, fisiológicos, parece ser a própria *base* de tudo o que dizemos significativamente acerca de tais processos. Quando vemos a coisa dessa maneira, estamos inclinados a usar nossa ideia de material de construção ainda de outra maneira, também ela desencaminhadora, e dizer que todo o mundo, mental e físico, é feito de apenas um material.

Quando olhamos para todas as coisas que sabemos e podemos dizer a respeito do mundo como se estivessem baseadas na experiência pessoal, então o que sabemos parece perder boa parte de seu valor, confiabilidade e solidez. Estamos então inclinados a dizer que tudo é "subjetivo"; e "subjetivo" é usado de modo depreciativo, como quando dizemos que uma opinião é *meramente* subjetiva, uma questão de gosto. Ora, que esse aspecto pareça abalar a autoridade da experiência e do conhecimento aponta para o fato de que, aqui, nossa linguagem está nos tentando a traçar certa analogia desencaminhadora. Isso deveria nos lembrar do caso em que o divulgador da ciência parecia ter nos mostrado que o assoalho sobre o qual estamos não é realmente sólido porque é feito de elétrons.

Deparamos aqui com dificuldades causadas por nosso modo de expressão.

Outra dificuldade desse tipo, estreitamente aparentada, é expressa na seguinte frase: "Posso saber apenas que *eu* tenho experiências pessoais, não que alguém mais as tem". — Será então que devemos chamar de uma hipótese desnecessária a ideia de que alguém mais tem experiências pessoais? — Mas trata-se realmente de uma hipótese? Pois como posso sequer fazer [80] a hipótese se ela transcende toda experiência possível? Como poderia uma hipótese como essa ser respaldada por algum significado? (Será que não é como papel-moeda não respaldado por ouro?) — Não ajuda se alguém nos disser que, embora não saibamos se a outra pessoa tem dores, certamente acreditamos nisso quando, por exemplo, temos pena dela. Certamente não teríamos pena dela se não acreditássemos que ela tem dores; mas acaso essa é uma crença filosófica, metafísica? Será que um realista tem mais pena de mim do que um idealista ou um solipsista? — De fato, o solipsista pergunta: "Como é que *podemos* acreditar que o outro tem dor; o que significa acreditar nisso? Como pode fazer sentido a expressão de uma suposição como essa?".

Ora, a resposta do filósofo do senso comum — e esse, veja bem, não é o homem do senso comum, que está tão distante do realismo quanto do idealismo —, a resposta do filósofo do senso comum é que, obviamente, não há nenhuma dificuldade com a ideia de supor, pensar, imaginar que alguém mais tem o que eu tenho. Mas a dificuldade com o realista é sempre que ele não resolve, e sim contorna, as dificuldades que seus adversários veem, embora estes também não consigam resolvê-las. A resposta realista, para nós, apenas traz à luz a dificuldade; pois quem argumenta desse modo desconsidera a diferença entre diferentes usos das palavras "ter", "imaginar". "**A** tem um dente de ouro" significa que o dente está na boca de **A**. Isso pode explicar o fato de que eu não sou capaz de vê-lo.[57] Mas o caso de sua dor de dente, da qual digo que não sou ca-

57. Essa sentença não ocorre nos tiposcritos consultados, apenas na edição de Rush Rhees.

paz de senti-la porque está na sua boca, não é análogo ao caso do dente [81] de ouro. É a analogia aparente e, por outro lado, a falta de analogia entre esses casos o que causa a nossa dificuldade. E é essa característica problemática de nossa gramática o que o realista não percebe. É concebível que eu sinta dor em um dente na boca de outro homem; e o homem que diz que não pode sentir a dor de dente de outro não está negando *isso*. Somente veremos com clareza a dificuldade gramatical na qual estamos se nos familiarizarmos com a ideia de sentir dor no corpo de outra pessoa. Pois, do contrário, ao ficarmos perplexos com esse problema, estaremos sujeitos a confundir nossa proposição metafísica "Não posso sentir a dor dele" com a proposição extraída da experiência "Nós não podemos ter (via de regra não temos) dores no dente de outra pessoa". Nessa proposição, a expressão "não podemos" é usada da mesma maneira que na proposição "Um prego de ferro não pode arranhar o vidro". (Poderíamos escrever isso na forma "a experiência ensina que um prego de ferro *não* arranha o vidro", fazendo assim desaparecer o "não podemos".) Para ver que é concebível que uma pessoa tenha dor no corpo de outra pessoa é necessário examinar que espécie de fatos chamamos de critério para que uma dor esteja em certo lugar. É fácil imaginar o seguinte caso: Quando vejo minhas mãos, não estou sempre ciente de sua conexão com o resto do meu corpo. Ou seja, frequentemente vejo minha mão se movendo, mas não vejo o braço que a conecta ao meu tronco. E nesse momento também não checo, necessariamente, a existência do braço de qualquer outra maneira. Portanto, até onde sei, a mão pode estar conectada ao [82] corpo de um homem ao meu lado (ou, é claro, a corpo humano nenhum). Suponha que eu sinta uma dor que, com base somente na evidência da dor, por exemplo, com meus olhos fechados, eu chamasse de uma dor na minha mão esquerda. Alguém me pede para tocar o ponto dolorido com minha mão direita. Eu faço isso e, olhando ao redor, percebo que estou tocando na mão da pessoa ao lado (querendo dizer, com isso, a mão conectada ao tronco da pessoa ao lado).

Pergunte a si mesmo: Como é que sabemos para onde apontar quando nos pedem para apontar para o ponto dolorido? Será que essa espécie de apontar pode ser comparada a apontar para um ponto preto sobre uma folha de papel quando alguém diz: "Aponte para o ponto preto nesta folha"? Suponha que alguém dissesse: "Você está apontando para este ponto porque sabe, antes de apontar, que a dor está ali"; pergunte a si mesmo "O que significa *saber* que a dor está ali?". A palavra "ali" refere-se a um local; — mas em qual espaço, isto é, um "local" em que sentido? Será que sabemos o lugar da dor no espaço euclidiano, de modo que, quando sabemos onde temos dor, sabemos quão distante ela está de duas das paredes desta sala e do chão? Quando tenho dor na ponta do meu dedo e toco meu dente com ela, será que agora minha dor é tanto uma dor de dente como uma dor no meu dedo? Certamente, em um sentido pode-se dizer que a dor está localizada no dente. Será que a razão pela qual, nesse caso, é errado dizer que tenho dor de dente reside em que, para que a dor esteja no dente, ela deveria estar distante um dezesseis avos de polegada da ponta do meu dedo? Lembre-se de que a palavra "onde" pode se referir a locais em muitos sentidos [83] diferentes. (Muitos jogos gramaticais diferentes, *mais* ou *menos* semelhantes uns aos outros, são jogados com essa palavra. Pense nos diferentes usos do numeral "1".) Posso saber onde uma coisa está, e então apontar para ela em virtude desse conhecimento. O conhecimento me diz para onde apontar. Esse conhecimento foi concebido por nós, aqui, como a condição para apontar deliberadamente para o objeto. Assim, podemos dizer: "Posso apontar para o ponto a que você está se referindo porque o vejo", "Posso indicar a você a direção do lugar porque sei onde ele fica; primeiro vire à direita etc.". Agora estamos inclinados a dizer "Preciso saber onde uma coisa está antes de poder apontar para ela". Talvez você se sinta menos à vontade em dizer: "Preciso saber onde uma coisa está antes de poder olhar para ela". Algumas vezes, é claro, é correto dizer isso. Mas nos sentimos tentados a pensar que há um estado ou evento psíquico particular, o conhecimento do lugar, que precisa preceder qualquer ato deliberado de apontar, mover-se em direção a etc. Pense no caso análogo: "Somente podemos obedecer a uma ordem depois de tê-la entendido".

Se aponto para o ponto dolorido em meu braço, em que sentido se pode dizer que eu sabia onde a dor estava antes de ter apontado para o lugar? Antes de ter apontado, eu poderia ter dito "A dor está no meu braço esquerdo". Suponha que meu braço estivesse coberto por uma rede de linhas numeradas de tal maneira que eu pudesse me referir a qualquer lugar em sua superfície. Será que era necessário que eu tivesse sido capaz de descrever o ponto dolorido por meio dessas coordenadas antes que pudesse apontar para ele? O que desejo dizer é que o ato de apontar *determina* um lugar de dor. Esse [84] ato de apontar, diga-se de passagem, não deve ser confundido com aquele de encontrar o ponto dolorido apalpando. Com efeito, os dois podem levar a resultados diferentes.

Pode-se pensar em uma inumerável variedade de casos em que deveríamos dizer que alguém tem dores no corpo de outra pessoa; ou, digamos, numa peça de mobiliário, ou em um ponto vazio qualquer. Não podemos esquecer, é claro, que uma dor em uma parte específica de nosso corpo, por exemplo, em um dente superior, tem uma vizinhança tátil e cinestésica específica.[58] Ao mover nossa mão uma pequena distância para cima, tocamos nosso olho; e a expressão "pequena distância" refere-se aqui à distância tátil ou à distância cinestésica, ou a ambas. (É fácil imaginar distâncias táteis e cinestésicas correlacionadas de maneiras diferentes das usuais. A distância de nossa boca até nosso olho poderia parecer muito grande "para os músculos do nosso braço" quando movemos nosso dedo da boca até o olho. Pense em quão grande você imagina a cavidade no seu dente quando o dentista o está furando e cutucando.)

Quando disse que, ao mover nossa mão um pouco para cima, tocamos nosso olho, eu estava me referindo apenas à evidência tátil. Ou seja, o critério para dizer que meu dedo tocou meu olho deveria ser apenas que tive a sensação específica que me faria dizer que eu estava tocando meu olho, mesmo se eu não tivesse qualquer evidência visual disso, e mesmo se, olhando-me no espelho, eu visse meu dedo tocando não o meu olho, mas, digamos, a minha testa. Assim como a "pequena distância" a que me referi era uma distância tátil ou cinestésica, também os lugares a respeito dos quais eu disse "estarem [85] separados por uma pequena distância" eram lugares táteis. Dizer que meu dedo, no espaço tátil e cinestésico, move-se do meu dente até o meu olho significa, então, que tenho aquelas experiências táteis e cinestésicas que normalmente temos quando dizemos "meu dedo está se movendo do meu dente até o meu olho". Mas aquilo que consideramos como evidência para essa última pro-

58. O adjetivo "cinestésico" (em inglês: *kinaesthetic*), frequente nas próximas páginas e brevemente retomado mais próximo ao fim do livro, refere-se à capacidade de sentir a posição e os movimentos do corpo no espaço (do grego *κίνησις*, kínēsis, "movimento" + *αἴσθησις*, aísthēsis, "sensação, percepção"). É o que se chama mais comumente, em nossos dias, de "propriocepção". Não confundir com o termo homófono "sinestesia" (do grego *σύν*, sýn, "junto, com" + *αἴσθησις*, aísthēsis), o fenômeno em que a estimulação de um sentido leva à ativação involuntária de outro.

posição não é de modo algum, como todos sabemos, apenas tátil e cinestésico. Com efeito, se eu tivesse as sensações táteis e cinestésicas a que me referi, ainda poderia negar a proposição "meu dedo está se movendo etc. ..." por causa do que vi. Aquela proposição é uma proposição a respeito de objetos físicos. (E não pense agora que a expressão "objetos físicos" pretende distinguir um tipo de objeto[59] de outro.) A gramática de proposições que chamamos de proposições a respeito de objetos físicos admite grande variedade de evidências para cada uma de tais proposições. É característico da gramática da proposição "meu dedo está se movendo etc." que eu considere as proposições "Eu vejo meu dedo se movendo", "Eu sinto meu dedo se movendo", "Ele vê meu dedo se movendo", "Ele me diz que meu dedo está se movendo" etc. como evidências para ela. Se agora digo "Eu vejo minha mão se movendo", à primeira vista isso parece pressupor que concordo com a proposição "minha mão está se movendo". Mas, se considero a proposição "Eu vejo minha mão se movendo" como uma das evidências para a proposição "minha mão está se movendo", a verdade da última obviamente não está pressuposta na verdade da primeira. Alguém poderia, portanto, sugerir a expressão "Parece que minha mão está se movendo" em vez de "Eu vejo minha mão se movendo". Mas essa expressão, [86] embora indique que minha mão pode parecer estar se movendo sem realmente se mover, poderia ainda sugerir que, afinal de contas, precisa haver uma mão para que pareça que ela está se movendo; ao passo que poderíamos facilmente imaginar casos em que a proposição que descreve a evidência visual é verdadeira e, ao mesmo tempo, outras evidências nos fazem dizer que não tenho mão alguma.

59. Nos tiposcritos consultados, lê-se "*physical object*" [objeto físico]. Já na edição de Rush Rhees, encontra-se "*object*", no que o seguimos.

Nosso modo de expressão ordinário obscurece esse ponto. Na linguagem ordinária, nos vemos com a seguinte deficiência: temos de descrever, digamos, uma sensação tátil por meio de termos para objetos físicos tais como as palavras "olho", "dedo" etc., quando o que desejamos dizer não implica a existência de um olho ou dedo etc. Para descrever nossas sensações, temos de nos valer de rodeios. É claro que isso não significa que a linguagem ordinária é insuficiente para nossos propósitos específicos,[60] mas sim que ela é levemente desajeitada e, às vezes, desencaminhadora. A razão para essa peculiaridade da nossa linguagem é, obviamente, a coincidência regular de certas experiências sensíveis. Assim, quando sinto meu braço se movendo, na maior parte das vezes também posso vê-lo se movendo. E se o toco com minha mão, essa mão também sente o movimento etc. (O homem cujo pé foi amputado descreverá certa dor específica como uma dor em seu pé.) Em tais casos, sentimos uma forte necessidade de uma expressão como: "uma sensação viaja da minha bochecha tátil até o meu olho tátil". Eu disse tudo isso porque, se você está ciente do ambiente tátil e cinestésico de uma dor, pode encontrar alguma dificuldade em imaginar que alguém pudesse ter dor de dente em qualquer outro lugar que não o seu próprio dente. Mas se [87] imaginamos um caso como esse, isso simplesmente significa que imaginamos uma correlação, diferente da correlação ordinária, entre experiências visuais, táteis, cinestésicas etc. Assim, podemos imaginar uma pessoa tendo a sensação de dor de dente somada àquelas experiências táteis e cinestésicas que normalmente estão ligadas a ver sua mão viajando do seu dente até o seu nariz, até os seus olhos etc., mas correlacionadas à experiência visual

60. Nos tiposcritos consultados, lê-se "*purposes*" [propósitos]. Já na edição de Rush Rhees, encontra-se "*special purposes*", no que o seguimos.

de sua mão se movendo até aqueles lugares no rosto de outra pessoa. Ou, ainda, podemos imaginar uma pessoa tendo a sensação cinestésica de mover sua mão e a sensação tátil, em seus dedos e em seu rosto, de seus dedos movendo-se sobre seu rosto, ao passo que suas sensações cinestésicas e visuais tivessem de ser descritas como aquelas de seus dedos movendo-se sobre seu joelho. Se tivéssemos uma sensação de dor de dente somada a certas sensações táteis e cinestésicas usualmente características do ato de tocar o dente dolorido e outras partes contíguas de nossa face, e se essas sensações fossem acompanhadas pela visão da minha mão tocando a borda da minha mesa e se movendo sobre ela, deveríamos ficar em dúvida entre chamar essa experiência de uma experiência de dor de dente na mesa ou não. Se, por outro lado, as sensações táteis e cinestésicas descritas estivessem correlacionadas à experiência visual de ver minha mão tocando o dente e outras partes do rosto de outra pessoa, não há dúvida de que eu chamaria essa experiência de "dor de dente no dente de outra pessoa".

Eu disse que o homem que afirmava que era impossível [88] sentir a dor de outra pessoa não desejava, com isso, negar que uma pessoa pudesse sentir dor no corpo de outra pessoa. Com efeito, ele teria dito: "Posso ter dor de dente no dente de outro homem, mas não a dor de dente *dele*".

Assim, as proposições "**A** tem um dente de ouro" e "**A** tem dor de dente" não são usadas de maneira análoga. Elas diferem em sua gramática lá onde, à primeira vista, poderiam parecer não diferir.

Quanto ao uso da palavra "imaginar" — poder-se-ia dizer: "Certamente há um ato bastante definido de imaginar que outra pessoa tem dores". É claro que não negamos isso, ou qualquer outra afirmação a respeito de fatos. Mas vejamos: Se formamos uma imagem acerca da dor de outra pessoa, será que aplicamos essa imagem da mesma maneira como aplicamos a imagem, digamos, de um olho roxo quando imaginamos a outra pessoa nesse estado? Substituamos, mais uma vez, imaginar no sentido ordinário por produzir uma imagem pintada. (Essa poderia muito bem ser *a* maneira como certos seres imaginassem as coisas.) Que um homem então imagine dessa maneira que **A** tem um olho roxo. Uma aplicação muito importante dessa imagem será compará-la com o olho real para ver se ela está correta. Quando imaginamos vivamente que alguém sofre de dor, frequentemente entra em nossa imagem o que se poderia chamar de uma sombra de uma dor sentida no local correspondente àquele no qual dizemos que a dor dele é sentida. Mas o sentido no qual uma imagem é uma imagem é determinado pela maneira como ela é comparada com a realidade. Podemos chamar isso de o método de projeção. Agora pense em comparar uma imagem da dor de dente de **A** com a [89] dor de dente dele. Como você as compararia? Se você diz que as compara "indiretamente" por meio do comportamento corporal dele, eu respondo que isso significa que você *não* as compara da mesma maneira como compara a imagem do comportamento dele com o comportamento dele.

Mais uma vez, quando você diz "Concedo que você não pode *saber* quando **A** tem dor, você pode apenas conjecturar isso", você não vê a dificuldade que reside nos diferentes usos das palavras "conjecturar" e "saber". A que tipo de impossibilidade você estava se referindo quando disse que não *poderia* saber? Será que não estava pensando em um caso análogo àquele em que alguém não poderia saber se outro homem tinha um dente de ouro na boca porque sua boca estava fechada? Aqui, no entanto, você poderia imaginar saber aquilo que não sabia; mesmo que não visse o dente, fazia sentido dizer que o via; ou melhor, faz sentido dizer que você não vê o dente dele e, portanto, também faz sentido dizer que o vê. Por outro lado, quando você concedeu a mim que um homem não pode *saber* se outra pessoa tem dor, você não desejava dizer que, como uma questão de fato, as pessoas não o sabiam, mas sim que não fazia sentido dizer que sabiam (e, portanto, não faz sentido dizer que não sabem). Se, portanto, você usa nesse caso os termos "conjecturar" ou "acreditar", não os usa como opostos a "saber". Ou seja, você não afirmou que saber era uma meta que não pudesse alcançar, e que você tinha de se contentar em conjecturar; na verdade, não há meta nesse jogo. Da mesma maneira que, quando alguém diz "Você não pode contar a série completa [90] dos números cardinais", não está afirmando um fato sobre a debilidade humana, mas sobre uma convenção que fizemos. Nossa afirmação não é comparável, embora seja sempre falsamente comparada, a uma afirmação como "é impossível para um ser humano atravessar o Atlântico a nado"; mas *é* análoga a uma afirmação como "não há uma meta em uma corrida de resistência". E essa é uma das coisas que sente vagamente a pessoa que não está satisfeita com a explicação segundo a qual, embora você não possa saber ..., você pode conjecturar ... .

Se ficamos bravos com alguém por sair com um resfriado num dia frio, às vezes dizemos: "Não sou eu quem vai sentir seu resfriado". E isso pode querer dizer: "Eu não sofro quando você pega um resfriado". Essa é uma proposição ensinada pela experiência. Pois poderíamos imaginar uma conexão sem fio, por assim dizer, entre os dois corpos, a qual fizesse uma pessoa sentir as dores do resfriado quando a outra se expôs ao ar frio. Alguém poderia argumentar, nesse caso, que as dores são minhas porque são sentidas em meu corpo; mas suponha que eu e outra pessoa tenhamos uma parte de nossos corpos em comum, uma mão, por exemplo. Imagine os nervos e tendões do meu braço e do de A conectados a essa mão por meio de uma cirurgia. Agora imagine que a mão foi picada por uma vespa. Nós dois gritamos, contorcemos nossos rostos, damos a mesma descrição da dor etc. Será então que devemos dizer que temos a mesma dor ou dores diferentes? Se, em um caso como esse, você diz: "Sentimos dor no mesmo lugar, no mesmo corpo, nossas descrições batem, mas ainda assim minha dor não pode ser a dele", eu suponho que, como uma razão para isso, você estará inclinado a dizer: [91] "porque minha dor é minha dor, e a dor dele é a dor dele". E aqui você está fazendo uma afirmação gramatical a respeito do uso de expressões como "a mesma dor". Você diz que não deseja aplicar a expressão "ele tem a minha dor" ou "ambos temos a mesma dor" e, em vez disso, talvez vá aplicar uma expressão como "a dor dele é exatamente como a minha". (Não seria um argumento dizer que os dois não poderiam ter a mesma dor porque se poderia anestesiar ou matar um deles enquanto o outro segue sentindo dor.) É claro que, se excluímos da nossa linguagem a expressão "Eu tenho a dor de dente dele", com isso também excluímos "Eu tenho (ou sinto) a *minha* dor de dente". Uma outra forma da nossa afirmação metafísica é esta: "Os dados sensíveis de um homem são privados, apenas dele". E esse modo de expressá-la é ainda mais desencaminhador porque, assim, ela se parece ainda mais com uma proposição extraída da experiência; o filósofo que diz isso pode muito bem pensar que está expressando uma espécie de verdade científica.

Usamos a expressão "dois livros têm a mesma cor", mas poderíamos perfeitamente bem dizer: "Eles não podem ter a *mesma* cor porque, afinal de contas, este livro tem sua própria cor, e o outro livro também tem sua própria cor". Isso também seria expressar uma regra gramatical — uma regra, vale dizer, que não está de acordo com nosso uso ordinário. A razão pela qual, afinal de contas, se deveria pensar nesses dois usos diferentes é esta: Comparamos o caso dos dados sensíveis com o de corpos físicos, e neste último caso fazemos uma distinção entre: "esta é a mesma cadeira que vi uma hora atrás" e "esta não é a mesma cadeira, mas uma exatamente [92] como a outra". Aqui, faz sentido dizer, e é uma proposição extraída da experiência: "**A** e **B** não poderiam ter visto a mesma cadeira, pois **A** estava em Londres e **B**, em Cambridge; as cadeiras que eles viram são exatamente uma como a outra". (Aqui será útil se você levar em conta os diferentes critérios para o que chamamos de "identidade desses objetos". Como é que aplicamos as afirmações: "Este é o mesmo dia ...", "Esta é a mesma palavra ...", "Esta é a mesma ocasião ..." etc.?)

O que fizemos nessas discussões é o que sempre fazemos quando encontramos a palavra "pode" em uma proposição metafísica. Mostramos que essa proposição esconde uma regra gramatical. Ou seja, destruímos a semelhança exterior entre uma proposição metafísica e uma proposição extraída da experiência, e tentamos encontrar a forma de expressão que satisfaz certa ânsia do metafísico que nossa linguagem ordinária não satisfaz e que, não estando satisfeita, produz a perplexidade metafísica. Mais uma vez, quando digo, em um sentido metafísico, "*É necessário* que eu sempre saiba quando tenho dor", isso simplesmente torna o verbo "saber" redundante; e, em vez de "Eu sei que tenho dor", posso simplesmente dizer "Eu tenho dor". É claro que a situação é diferente se, para atribuir sentido à expressão "dor inconsciente", fixamos critérios extraídos da experiência para o caso no qual um homem tem dor e não sabe, e se então dizemos (de maneira correta ou incorreta) que, como uma questão de fato, ninguém nunca teve dores a respeito das quais não soubesse.

Quando dizemos "Eu não posso sentir a dor dele", insinua-se para nós a ideia de uma [93] barreira intransponível. Consideremos, diretamente, um caso semelhante: "As cores verde e azul não podem estar simultaneamente no mesmo lugar". Aqui, a imagem de impossibilidade física que se insinua é, talvez, não a de uma barreira; em vez disso, sentimos que as duas cores impedem o caminho uma da outra. Qual é a origem dessa ideia? — Dizemos que três pessoas não podem se sentar lado a lado neste banco; não há espaço para elas. Ora, o caso das cores não é análogo a esse; mas é de algum modo análogo a dizer: "3 × 18 polegadas não cabem em 3 pés".[61] Essa é uma regra gramatical, e ela expressa uma impossibilidade lógica. A proposição "três homens não podem se sentar lado a lado em um banco com uma jarda de comprimento"[62] afirma uma impossibilidade física; e esse exemplo mostra claramente por que confundimos as duas impossibilidades. (Compare a proposição "Ele é 6 polegadas mais alto do que eu" com "6 pés é 6 polegadas mais comprido do que 5 pés e 6 polegadas". Essas proposições são de tipos completamente diferentes, mas se parecem exatamente uma com a outra.) A razão pela qual, nesses casos, a ideia de impossibilidade física se insinua para nós é que, por um lado, decidimos não usar uma forma de expressão específica e, por outro, sentimo-nos fortemente tentados a usá-la, considerando que (*a*) ela soa correta em português ou alemão etc. e (*b*) há formas de expressão bastante semelhantes usadas em outros departamentos da nossa linguagem. Decidimos não usar a expressão "Eles estão no mesmo lugar"; por outro lado, essa expressão nos parece altamente recomendável devido à sua analogia com [94] outras expressões, de modo que, em certo sentido, temos de expulsar à força essa forma de expressão. E essa é a razão pela qual nós mesmos temos a impressão de estar rejeitando uma proposição universalmente

61. 1 pé = 12 polegadas.

62. 1 jarda = 0,91 metro.

falsa. Fazemos uma imagem como a de duas cores impedindo o caminho uma da outra, ou como a de uma barreira que não permite que uma pessoa chegue mais próximo da experiência de outra pessoa do que ao ponto que chegaria ao observar seu comportamento;[63] porém, ao olhar mais de perto, descobrimos que não podemos aplicar a imagem que fizemos.

Nossa oscilação entre impossibilidade lógica e física nos leva a fazer afirmações como esta: "Se o que sinto é sempre apenas *minha* dor, o que pode significar a suposição de que alguém mais tem dor?". A coisa a fazer em tais casos é sempre olhar como as palavras em questão *são efetivamente usadas em nossa linguagem*. Em todos esses casos, estamos pensando em um uso diferente daquele que nossa linguagem ordinária faz das palavras. Em um uso, por outro lado, que naquele exato momento, por alguma razão, parece-nos fortemente recomendável. Quando algo parece estranho acerca da gramática de nossas palavras é porque, a cada vez, sentimo-nos tentados a usar uma palavra de diversas maneiras diferentes. E é particularmente difícil descobrir que uma asserção feita pelo metafísico expressa descontentamento com nossa gramática quando as palavras dessa asserção também podem ser usadas para afirmar um fato da experiência. Assim, quando ele diz "apenas minha dor é uma dor real", essa frase poderia significar que as outras pessoas estão somente fingindo. E quando ele diz "esta árvore não existe quando ninguém a vê", isso poderia significar: "esta [95] árvore desaparece quando viramos as costas para ela". O homem que diz "apenas minha dor é real" não quer dizer que descobriu, por

63. Nos tiposcritos consultados, lê-se "*closer to another's experience than observing his behaviour*" [mais próximo da experiência de outra pessoa do que chegaria ao observar seu comportamento]. Já na edição de Rush Rhees, encontra-se "*closer to another's experience than to the point of observing his behaviour*", no que o seguimos.

meio dos critérios comuns — os critérios, vale dizer, que dão às nossas palavras seus significados comuns —, que os outros que disseram ter dor estavam mentindo. Aquilo, porém, contra o qual ele se rebela é o uso *dessa* expressão associada a *esses* critérios. Ou seja, ele objeta a usar essa palavra da maneira específica como ela é comumente usada. Por outro lado, ele não está ciente de que objeta a uma convenção. Ele vê uma maneira de dividir a região diferente daquela utilizada no mapa usual. Ele se sente tentado, digamos, a usar o nome "Devonshire" não para o condado com suas fronteiras convencionais, mas para uma região delimitada de modo diferente. Ele poderia expressar isso dizendo: "Será que não é absurdo fazer *disso* um condado, traçar as fronteiras *aqui*?". Mas o que ele diz é: "A verdadeira Devonshire, a Devonshire *real*, é esta". Nós poderíamos responder: "O que você deseja é somente uma nova notação, e por meio de uma nova notação nenhum fato da geografia é alterado". É verdade, contudo, que podemos ser irresistivelmente atraídos ou repelidos por uma notação. (Esquecemos facilmente quão significativa uma notação, uma forma de expressão, pode ser para nós, e que mudá-la nem sempre é tão fácil quanto é, frequentemente, na matemática ou nas ciências. Mudar de roupas ou de nomes pode significar muito ou muito pouco.)

Tentarei elucidar o problema discutido por realistas, idealistas e solipsistas mostrando um problema que lhe é estreitamente relacionado. Trata-se deste: "Será que podemos ter pensamentos inconscientes, [96] sentimentos inconscientes etc.?". A ideia de que haja pensamentos inconscientes revoltou muitas pessoas. Outras, por sua vez, disseram que essas estavam erradas em supor que só poderia haver pensamentos conscientes, e que a psicanálise havia descoberto pensamentos inconscientes. Aqueles que objetaram ao pensamento inconsciente não viram que não estavam objetando às reações psicológicas recentemente descobertas, mas sim ao modo como elas eram descritas. Por outro lado, os psicanalistas foram desencaminhados, por seu próprio modo de expressão, a pensar que haviam feito mais do que descobrir novas reações psicológicas; que, em certo sentido, haviam descoberto pensamentos conscientes que eram inconscientes. Os primeiros poderiam ter formulado sua objeção dizendo "Não desejamos usar a expressão 'pensamentos inconscientes'; desejamos reservar a palavra 'pensamento' para aquilo que vocês chamam de 'pensamentos conscientes'". Eles formulam sua posição de maneira incorreta quando dizem: "Só pode haver pensamentos conscientes, nunca pensamentos inconscientes". Pois se eles não desejam falar de "pensamento inconsciente", tampouco deveriam usar a expressão "pensamento consciente".

Seja como for, acaso não é correto dizer que a pessoa que fala tanto de pensamentos conscientes quanto de inconscientes usa, por isso, a palavra "pensamentos" de duas maneiras diferentes? — Será que usamos um martelo de duas maneiras diferentes quando batemos com ele em um prego e, por outro lado, quando fazemos uma cavilha entrar num buraco? E será que o usamos de duas maneiras diferentes ou da mesma maneira quando fazemos esta cavilha entrar neste buraco e, por outro lado, outra cavilha em [97] outro buraco? Ou será que apenas deveríamos chamar de diferentes usos quando, em um caso, fazemos algo entrar em algo e em outro, esmagamos algo? Ou será que tudo isso é usar o martelo de uma só maneira e devemos chamar de uma maneira diferente apenas quando usamos o martelo como um peso de papel? — Em quais casos devemos dizer que uma palavra é usada de duas maneiras diferentes, e em quais casos que é usada de uma só maneira? Dizer que uma palavra é usada de duas (ou mais) maneiras diferentes ainda não nos dá, por si só, nenhuma ideia a respeito de seu uso. Apenas especifica uma maneira de olhar para esse uso ao oferecer um esquema com duas (ou mais) subdivisões para sua descrição. Não há nada de errado em dizer: "Eu faço *duas* coisas com este martelo: eu faço um prego entrar nesta tábua e um prego entrar naquela tábua". Mas eu também poderia ter dito: "Estou fazendo apenas uma coisa com este martelo; estou fazendo um prego entrar nesta tábua e um prego entrar naquela tábua". Pode haver dois tipos de discussão a respeito de se uma palavra é usada de uma maneira ou de duas maneiras: (*a*) Duas pessoas podem discutir a respeito de se a palavra inglesa "*cleave*" é usada apenas para despedaçar algo ou também para unir coisas. Essa é uma discussão a respeito de fatos[64] de certo uso efetivo. (*b*) Elas podem discutir a respeito de se a palavra "*altus*", que serve tanto para "profundo" como para "alto", é, *por isso*, usada de duas maneiras diferentes. Essa questão é análoga à questão a respeito de se a palavra "pensamento" é usada de duas maneiras ou de uma, quando falamos a respeito de pensamento consciente e inconsciente. O homem que diz "certamente esses são dois usos diferentes" já decidiu usar um esquema com duas subdivisões, [98] e o que ele disse expressou essa decisão.

Ora, quando o solipsista diz que apenas suas próprias experiências são reais, não adianta responder a ele: "Por que você nos diz isso se não acredita que nós realmente ouvimos o que você está dizendo?". Ou, de toda maneira, se lhe damos essa resposta, não devemos acreditar que tenhamos respondido à sua dificuldade. Não há nenhuma resposta do senso comum a um problema filosófico. Podemos defender o senso comum contra os ataques dos filósofos apenas ao dissolver as perplexidades destes últimos, ou seja, ao curá-los da tentação de atacar

64. Nos tiposcritos consultados, lê-se "*acts*" [atos]. Na edição de Rush Rhees, o termo é corrigido para "*facts*", no que o seguimos.

o senso comum; não ao reafirmar as visões do senso comum. Um filósofo não é um homem que enlouqueceu, um homem que não vê o que todos veem; por outro lado, seu desacordo com o senso comum também não é aquele do cientista que discorda das visões rudimentares do homem na rua. Quer dizer, seu desacordo não está fundamentado num conhecimento mais sutil dos fatos. Portanto, temos de procurar pela *fonte* da sua perplexidade. E descobrimos que há perplexidade e desconforto mental não apenas quando nossa curiosidade acerca de certos fatos não está satisfeita, ou quando não conseguimos encontrar uma lei da natureza que se ajuste a toda a nossa experiência, mas também quando uma notação não é satisfatória para nós — talvez por causa das várias associações que ela desperta. Nossa linguagem ordinária, que de todas as notações possíveis é aquela que está presente em toda a nossa vida, mantém nossa mente, por assim dizer, rigidamente numa posição, e nessa posição ela de vez em quando sente cãibras, desejando também outras posições. Assim, algumas vezes desejamos uma notação que enfatize mais fortemente uma diferença, [99] que a torne mais óbvia do que o faz a linguagem ordinária, ou uma que, em um caso específico, use formas de expressão mais acentuadamente semelhantes do que aquelas da linguagem ordinária. Nossa cãibra mental é aliviada quando nos são exibidas as notações que satisfazem essas necessidades. Essas necessidades podem ser extremamente variadas.

Ora, o homem que chamamos de solipsista, e que diz que apenas suas próprias experiências são reais, não está por isso em desacordo conosco acerca de qualquer questão prática relativa aos fatos, ele não diz que estamos simulando quando nos queixamos de dores, ele tem tanta pena de nós quanto qualquer outra pessoa, e ao mesmo tempo deseja restringir o uso do epíteto "real" àquilo que chamaríamos de suas experiências;

e talvez ele nem mesmo deseje chamar nossas experiências de "experiências" (mais uma vez, sem entrar em desacordo conosco acerca de qualquer questão relativa aos fatos). Pois ele diria que é *inconcebível* que outras experiências que não as suas próprias fossem reais. Ele deveria, portanto, usar uma notação na qual uma frase como "**A** tem uma dor de dente real" (em que **A** não é ele) é desprovida de significado, uma notação cujas regras excluam essa frase do mesmo modo que as regras do xadrez excluem que um peão faça o movimento de um cavalo. A sugestão do solipsista resume-se a usar uma frase como "há dor de dente real" no lugar de "Smith (o solipsista) tem dor de dente". E por que não deveríamos conceder-lhe essa notação? Nem preciso dizer que, para evitar confusão, seria melhor para ele, nesse caso, não usar de modo algum a palavra "real" como oposta a "simulado"; e isso apenas significa que teremos de encontrar um substituto para a [100] distinção "real"/"simulado". O solipsista que diz "somente eu sinto dor real", "somente eu realmente vejo (ou escuto)" não está expressando uma opinião; e é essa a razão pela qual está tão seguro do que diz. Ele se sente irresistivelmente tentado a usar certa forma de expressão; mas ainda precisamos descobrir *por quê*.

A frase "somente eu realmente vejo" está estreitamente associada à ideia expressa na asserção "nós nunca sabemos o que o outro homem realmente vê quando olha para uma coisa" ou nesta: "nós nunca podemos saber se o que ele chama de 'azul' é a mesma coisa que nós chamamos de 'azul'". Com efeito, poderíamos argumentar: "Eu nunca posso saber o que ele vê, ou até mesmo que ele vê, pois tudo o que tenho são sinais de muitos tipos que ele me dá; portanto, é uma hipótese completamente desnecessária dizer que ele vê; eu apenas sei o que é ver a partir do meu próprio ver; só aprendi a palavra 'ver' como significando aquilo que *eu* faço". É claro que isso simplesmente não é verdade, pois eu definitivamente aprendi um uso da palavra "ver" que é diferente, e muito mais complicado, do que aquele que professo aqui. Tornemos mais clara, por meio de um exemplo extraído de uma esfera ligeiramente diferente, a tendência que me guiou quando disse aquilo: Considere este argumento: "Como é que podemos desejar que este papel seja vermelho se ele não é vermelho? Será que isso não significa que desejo aquilo que de modo algum existe? Portanto, meu desejo só pode conter algo *semelhante* a que o papel seja vermelho. Acaso não devemos, portanto, usar uma palavra diferente no lugar de 'vermelho' quando falamos de desejar que algo seja vermelho? O conjunto de imagens em torno do desejo certamente nos mostra algo menos definido, algo mais nebuloso do que a realidade [101] de um papel que seja vermelho. Portanto, eu deveria dizer, em vez de 'Desejo que este papel seja vermelho', algo como 'Desejo um vermelho pálido para este papel'". Mas se, no modo de falar usual, ele tivesse dito "Desejo um vermelho pálido para este papel", para realizar esse desejo deveríamos pintá-lo com um vermelho pálido — e não foi isso o que ele desejou. Por outro lado, não há qualquer objeção quanto a adotar a forma de expressão que ele sugere, desde que saibamos que ele usa a frase "Desejo um x pálido para este papel" sempre com o significado que ordinariamente expressamos por meio da frase "Desejo que este papel tenha a cor x". O que ele disse realmente fala a favor da sua notação, na medida em que se pode falar algo a favor de uma notação. Mas ele não nos contou uma nova verdade, e não nos mostrou que o que dissemos antes era falso. (Tudo isso conecta o nosso atual problema com o problema da negação. Darei apenas uma breve indicação disso, dizendo que seria possível uma notação em que, aproximadamente falando, uma qualidade sempre tivesse dois nomes, um para o caso em que dizemos que algo a tem, o outro para o caso em que dizemos que não a tem. A negação de "Este papel é vermelho" poderia ser então, digamos, "Este papel não é vermolhe". Uma notação como essa efetivamente satisfaria alguns dos desejos que nos são negados por nossa linguagem ordinária, e que às vezes produzem um espasmo de perplexidade filosófica acerca da ideia da negação.)

A dificuldade que expressamos ao dizer "Não posso[65] saber o que ele está vendo quando ele diz (verdadeiramente) estar vendo uma mancha azul" surge a partir da ideia de que "saber o que ele está vendo" significa: [102] "ver aquilo que também ele está vendo"; não, contudo, no sentido em que isso ocorre quando nós dois temos o mesmo objeto diante dos nossos olhos: mas no sentido em que o objeto visto seria um objeto, digamos, dentro de sua cabeça, ou dentro *dele*. A ideia é a de que o mesmo objeto pode estar diante dos olhos dele e dos meus, mas eu não posso enfiar minha cabeça dentro da dele (ou minha mente dentro da dele, o que dá no mesmo), de modo que o objeto *real* e *imediato* da sua visão se torne o objeto real e imediato da minha visão também. Com "Eu não sei o que ele está vendo", o que realmente queremos dizer é "Eu não sei para o que ele está olhando", em que "o que ele está olhando" está oculto, e ele não pode mostrá-lo para mim; está *diante dos olhos da sua mente*. Portanto, para se livrar dessa perplexidade, examine a diferença gramatical entre as afirmações "Eu não sei o que ele está vendo" e "Eu não sei para o que ele está olhando", tal como são efetivamente usadas em nossa linguagem.

Às vezes, a expressão mais satisfatória do nosso solipsismo parece ser esta: "Quando qualquer coisa é vista (realmente *vista*), sou sempre eu quem a vê".

65. Nos tiposcritos consultados, lê-se "*We can't*" [Não podemos]. Já na edição de Rush Rhees, encontra-se "*I can't*", no que o seguimos.

O que deveria chamar nossa atenção a respeito dessa expressão são as palavras "sempre eu". Sempre *quem*? — Pois, por estranho que pareça, com isso não quero dizer: "sempre L. W.". O que nos leva a refletir acerca dos critérios para a identidade de uma pessoa. Em que circunstâncias dizemos: "Essa é a mesma pessoa que vi uma hora atrás"? O uso que efetivamente fazemos da expressão "a mesma pessoa" e do nome de uma pessoa baseia-se no fato de que, na imensa maioria dos casos, muitas das características que usamos como critério para identidade coincidem. [103] Em geral, sou reconhecido pela aparência do meu corpo. Meu corpo muda de aparência apenas gradualmente e relativamente pouco, e, da mesma maneira, minha voz, meus hábitos característicos etc. mudam apenas lentamente e dentro de um campo estreito de variações. Estamos inclinados a usar nomes pessoais da maneira como fazemos somente como consequência desses fatos. A melhor maneira de ver isso é imaginando casos irreais que nos mostrem as diferentes "geometrias" que estaríamos inclinados a usar se os fatos fossem diferentes. Imagine, por exemplo, que todos os corpos humanos existentes tivessem a mesma aparência e que, por outro lado, diferentes conjuntos de características parecessem, por assim dizer, mudar de residência entre esses corpos. Tal conjunto de características poderia ser, digamos, amabilidade acompanhada de uma voz aguda e movimentos lentos, ou um comportamento colérico, uma voz grave e movimentos bruscos, e coisas assim. Em tais circunstâncias, embora fosse possível dar nomes aos corpos, talvez estivéssemos tão pouco inclinados a fazer isso quanto estamos a dar nomes às cadeiras de nossa sala de jantar. Por outro lado, poderia ser útil dar nomes aos conjuntos de características, e o uso desses nomes, agora, corresponderia *aproximadamente* aos nomes pessoais de nossa presente linguagem.

Ou imagine que fosse comum para os seres humanos[66] ter dois caráteres, da seguinte maneira: A forma, o tamanho e as características comportamentais das pessoas passam periodicamente por uma alteração completa.[67] É comum para um homem ter dois desses estados, entre os quais oscila de maneira súbita. É muito provável que, em uma [104] sociedade como essa,[68] estivéssemos inclinados a batizar todo homem com dois nomes, e falar talvez do par de pessoas em seu corpo. Será então que o dr. Jekyll e o sr. Hyde eram duas pessoas ou a mesma pessoa que meramente mudava? Podemos dizer qualquer uma das duas coisas. Não somos forçados a falar de uma dupla personalidade.

Há muitos usos da palavra "personalidade" que podemos nos sentir inclinados a adotar, todos eles mais ou menos aparentados. O mesmo vale quando definimos a identidade de uma pessoa por meio de suas memórias. Imagine um homem cujas memórias, nos dias pares de sua vida, compreendessem os eventos de todos esses dias, saltando completamente o que aconteceu nos dias ímpares. Por outro lado, ele se lembra, em dias ímpares, do que aconteceu em dias ímpares anteriores, mas sua memória, nesse caso, salta por sobre os dias pares sem qualquer sentimento de descontinuidade. Se quisermos, podemos também supor que ele tem aparências e características que se alternam entre os dias pares e ímpares. Será que, aqui, estamos forçados a dizer

66. Nos tiposcritos consultados, lê-se "*a man*" [um homem]. Já na edição de Rush Rhees, encontra-se "*human beings*", no que o seguimos.

67. Nos tiposcritos consultados, lê-se "*His shape, size, and characteristics of behaviour sometimes changed unaccountably*" [Sua forma, tamanho e características comportamentais às vezes mudariam de modo inexplicável]. Já na edição de Rush Rhees, encontra-se "*People's shape, size and characteristics of behaviour periodically undergo a complete change*", no que o seguimos.

68. Nos tiposcritos consultados, lê-se "*in such a case*" [em um caso como esse]. Já na edição de Rush Rhees, encontra-se "*in such a society*", no que o seguimos.

que há duas pessoas habitando o mesmo corpo? Ou seja, será que é correto dizer que há, e errado dizer que não há, ou vice-versa? Nenhum dos dois. Pois o uso *ordinário* da palavra "pessoa" é o que se poderia chamar de um uso composto, adequado nas circunstâncias ordinárias. Se suponho, como estou fazendo, que essas circunstâncias se modificaram, com isso a aplicação do termo "pessoa" ou "personalidade" também se modificou; e se desejo preservar esse termo e dar a ele um uso análogo ao seu antigo uso, estou livre para escolher entre muitos usos, ou seja, entre muitos diferentes tipos de analogia. Poder-se-ia dizer, em tal caso, [105] que o termo "personalidade" não tem apenas um herdeiro legítimo. (Esse tipo de reflexão é importante na filosofia da matemática. Pense no uso das palavras "prova", "fórmula" e outras. Pense na questão: "Por que o que fazemos aqui deveria ser chamado de 'filosofia'? Por que deveria ser considerado como o único herdeiro legítimo das diferentes atividades que tinham esse nome em tempos pregressos?".)

Perguntemo-nos agora a que tipo de identidade de personalidade estamos nos referindo quando dizemos "quando qualquer coisa é vista, sou sempre eu quem vê". O que é isso que quero que todos esses casos de ver tenham em comum? Como resposta, tenho de confessar para mim mesmo que não é a minha aparência corporal. Quando vejo, nem sempre vejo uma parte do meu corpo. E não é essencial que o meu corpo, se visto em meio às coisas que vejo, sempre pareça o mesmo. De fato, não me importa quanto ele muda. E eu sinto o mesmo a respeito de todas as propriedades do meu corpo, das características do meu comportamento e até mesmo a respeito das minhas memórias. — Quando penso um pouco mais a respeito disso, vejo que o que eu desejava dizer era: "Sempre que qualquer coisa é vista, alguma coisa é vista". Isto é, aquilo que eu disse que continuava durante todas as experiências de ver não era nenhuma entidade particular "eu", mas a própria experiência de ver. Isso pode se tornar mais claro se imaginamos que o homem que faz nossa afirmação solipsista aponta para seus olhos enquanto diz "eu". (Talvez porque deseja ser rigoroso e pretende dizer expressamente quais olhos pertencem à boca que diz "eu" e [106] às mãos que apontam para seu próprio corpo.) Mas para o que ele está apontando? Serão esses olhos em particular, com a identidade de objetos físicos? (Para entender essa frase, você precisa se lembrar de que a gramática das palavras que dizemos representar objetos físicos é caracterizada pelo modo como usamos a expressão "o *mesmo* isso-e-aquilo" ou "o idêntico isso-e-aquilo", em que "isso-e-aquilo" designa o objeto físico.) Dissemos anteriormente que ele[69] não desejava de modo algum apontar para um objeto físico em particular. A ideia de que ele havia feito uma afirmação significativa surgiu de uma confusão correspondente à confusão entre o que iremos chamar de "o olho geométrico" e "o olho físico". Irei especificar o uso desses termos: Se um homem tenta obedecer à ordem "Aponte para o seu olho", ele pode fazer muitas coisas diferentes, e há muitos critérios diferentes que aceitará para dizer que apontou para o seu olho. Se esses critérios coincidem, como usualmente acontece, posso usar qualquer um deles, e em diferentes combinações, para me mostrar que toquei meu olho. Se eles não coincidem, terei de distinguir os diferentes sentidos da frase "Estou tocando meu olho" ou "Estou movendo meu dedo na direção do meu olho". Se, por exemplo, meus olhos estão fechados, ainda assim posso ter em meu braço a experiência cinestésica característica que eu chamaria de experiência cinestésica de levantar a minha mão até o meu olho. Meu sucesso ao fazer isso será re-

69. Nos tiposcritos consultados, lê-se "*we*" [nós]. Já na edição de Rush Rhees, encontra-se "*he*", no que o seguimos.

conhecido por meio da sensação tátil específica de tocar meu olho. Mas se meu olho estivesse atrás de uma placa de vidro, fixada de tal modo que me impedisse [107] de exercer qualquer pressão sobre meu olho com meu dedo, ainda assim haveria um critério de sensação muscular que me faria dizer que agora o meu dedo estava na frente do meu olho. Quanto a critérios visuais, há dois que posso adotar. Há a experiência ordinária de ver minha mão se levantar e ir na direção do meu olho, e essa experiência é obviamente diferente da de ver duas coisas se encontrando, digamos, as pontas de dois dedos. Por outro lado, posso usar como critério para dizer que meu dedo está se movendo na direção do meu olho aquilo que vejo quando olho para um espelho e vejo meu dedo se aproximando do meu olho. Se aquele lugar em meu corpo que "vê", como dizemos, deve ser determinado pelo ato de mover meu dedo na direção do meu olho, de acordo com o segundo critério, então é concebível que eu possa ver com aquilo que, de acordo com outros critérios, é a ponta do meu nariz, ou lugares em minha testa; ou eu poderia, da mesma maneira, apontar para um lugar fora do meu corpo. Se desejo que uma pessoa aponte para o seu olho (ou para os seus olhos), de acordo *apenas* com o segundo critério, expressarei meu desejo dizendo: "Aponte para o seu olho (ou seus olhos) geométrico(s)". A gramática do termo "olho geométrico" está para a gramática do termo "olho físico" assim como a gramática da expressão "o dado sensível visual de uma árvore" está para a gramática da expressão "a árvore física". Nos dois casos, geramos total confusão dizendo "um e outro objeto são de *tipos diferentes*"; pois aqueles que dizem que um dado sensível e um objeto físico são objetos de tipos diferentes entendem mal a gramática da palavra "tipo", tanto quanto aqueles que dizem que um número e um numeral são objetos de tipos diferentes. [108] Eles pensam que estão fazendo uma afirmação como "Um trem ferroviário, uma estação ferroviária e um vagão ferroviário são objetos de tipos diferentes", ao passo que sua afirmação é análoga a "Um trem ferroviário, um acidente ferroviário e uma lei ferroviária são objetos de tipos diferentes".

Aquilo que me tentava a dizer "sou sempre eu quem vê quando qualquer coisa é vista" também poderia ser concedido caso eu dissesse: "sempre que qualquer coisa é vista, é *isto* o que é visto", acompanhando a palavra "isto" de um gesto que abarca o meu campo visual (mas sem querer me referir, com "isto", aos objetos específicos que eu por acaso vejo naquele momento). Alguém poderia dizer "Estou apontando para o campo visual enquanto tal, não para qualquer coisa dentro dele". E isso serve apenas para destacar a falta de sentido da primeira expressão.

Descartemos, então, o "sempre" daquela nossa expressão. Ainda assim, posso expressar meu solipsismo dizendo "Apenas o que *eu* vejo (ou: vejo agora) é realmente visto". E aqui me sinto tentado a dizer: "Ainda que, com a palavra 'eu', eu não queira dizer L. W., estará tudo em ordem se os outros entenderem 'eu' como querendo dizer L. W., caso neste exato momento eu de fato seja L. W.". O que alego também poderia ser expresso caso eu dissesse: "Eu sou o vaso que contém a vida"; mas, note, é essencial que todos aqueles para quem digo isso sejam incapazes de me entender. É essencial que o outro não seja capaz de entender "o que *eu* realmente *quero dizer*", embora na prática ele possa fazer o que desejo, concedendo-me uma posição excepcional em sua notação. Mas eu desejo que seja *logicamente* impossível que ele me entenda, quer dizer, deveria ser desprovido de significado, [109] e não falso, dizer que ele me entende. Assim, minha expressão é uma entre as muitas usadas por filósofos em diversas ocasiões, as quais se supõe transmitirem algo para a pessoa que a diz, embora sejam essencialmente incapazes de transmitir qualquer coisa para qualquer outra pessoa. Mas se, para uma expressão,[70] transmitir um significado significa ser acompanhada por, ou produzir, certas experiências, nossa expressão pode ter toda sorte de significados, e não desejo dizer coisa alguma a respeito deles.[71] No entanto, como uma questão de fato, somos desencaminhados a pensar que nossa expressão tem um significado no mesmo sentido em que uma expressão não metafísica tem; pois comparamos erroneamente nosso caso com aquele em que a outra pessoa não pode entender o que dizemos porque lhe faltam certas informações. (Essa observação pode ficar clara apenas se entendermos a conexão entre gramática e sentido e falta de sentido.)

O significado de uma frase, para nós, é caracterizado pelo uso que fazemos dela. O significado não é um acompanhamento mental da expressão. Portanto, as frases "Acho que quero dizer algo com isso" ou "Não tenho certeza de querer dizer algo com isso", as quais ouvimos tão frequentemente em discussões filosóficas para justificar o uso de uma expressão, não são, para nós, justificativa alguma. Perguntamos: "*O que* você quer dizer?", ou seja, "Como você usa essa expressão?". Se alguém me ensinasse a palavra "banco" e dissesse que às vezes ou sempre põe um traço sobre ela desta maneira: "$\overline{\text{banco}}$", e que isso quer dizer algo para ele, eu diria: "Não sei que espécie de ideia você associa a esse traço, mas ela não me interessa, a menos que você me mostre que há um uso para [110] esse traço no tipo de cálculo em que você[72] deseja usar a palavra 'banco'". — Eu que-

70. As palavras "para uma expressão" não ocorrem nos tiposcritos consultados, apenas na edição de Rush Rhees.

71. Nos tiposcritos consultados, lê-se "*and I can't say anything about them*" [e não posso dizer coisa alguma a respeito deles]. Já na edição de Rush Rhees, encontra-se "*and I don't wish to say anything about them*", no que o seguimos.

72. Nos tiposcritos consultados, lê-se "*I*" [eu]. Já na edição de Rush Rhees, encontra-se "*you*", no que o seguimos.

ro jogar xadrez, e um homem coloca uma coroa de papel sobre o rei branco, deixando inalterado o uso dessa peça, mas me informando que a coroa tem um significado para ele no jogo, o qual ele não é capaz de expressar por meio de regras. Eu digo: "enquanto ela não alterar o uso da peça, ela não tem o que eu chamo de significado".

Às vezes, ouvimos que uma frase como "Isto está aqui", quando, ao dizê-la, aponto para uma parte do meu campo visual, tem um tipo de significado primitivo para mim, embora não possa transmitir informação alguma para qualquer outra pessoa.

Quando digo "Somente isto é visto", esqueço que uma frase pode soar assim tão natural para nós sem ter qualquer uso em nosso cálculo linguístico. Pense no princípio de identidade, "a = a", e em como às vezes nos esforçamos para apreender o seu sentido, visualizá-lo, olhando para um objeto e repetindo para nós mesmos uma frase como "Esta árvore é a mesma coisa que esta árvore". Os gestos e imagens por meio dos quais eu aparentemente dou sentido a essa frase são muito semelhantes àqueles que uso no caso de "Somente *isto* é realmente visto". (Para ter clareza a respeito de problemas filosóficos, é útil que nos tornemos conscientes a respeito dos detalhes aparentemente desimportantes da situação específica em que estamos inclinados a fazer certa asserção metafísica. Assim, podemos nos sentir tentados a dizer "Somente isto é realmente visto" quando olhamos fixamente para um cenário que não muda, ao passo que podemos não nos sentir de modo algum tentados a dizer isso quando olhamos ao nosso redor [111] durante uma caminhada.)

Como dissemos, não há qualquer objeção a adotar um simbolismo em que certa pessoa sempre, ou temporariamente, ocupe um lugar excepcional. E, portanto, se pronuncio a frase "Somente eu realmente vejo", é concebível que meus semelhantes, em vista disso, arranjem sua notação de modo a coincidir comigo e a dizer "tal e tal coisa é realmente vista" em vez de "L. W. vê tal e tal coisa" etc. etc. O que está errado, porém, é pensar que eu possa *justificar* essa escolha de notação. Quando eu disse, do fundo do meu coração, que somente eu vejo, também estava inclinado a dizer que, com "eu", não queria realmente me referir a L. W., embora, para benefício de meus semelhantes, eu pudesse dizer "Agora é L. W. que realmente está vendo", ainda que isso não seja o que eu realmente quero dizer. Eu poderia quase dizer que, com "eu", quero me referir a algo que neste exato momento habita L. W., algo que os outros não podem ver. (Eu queria me referir à minha mente, mas podia apontar para ela somente apontando para o meu corpo.) Não há nada de errado em sugerir que os outros devessem me dar um lugar excepcional em sua notação; mas a justificativa que quero dar para isso: que este corpo é agora o assento daquilo que realmente vive — é sem sentido. Pois, reconhecidamente, isso não afirma nada que, em sentido ordinário, envolva a experiência. (E não pense que essa seja uma proposição extraída da experiência, a qual somente eu posso saber porque somente eu estou na posição de ter a experiência específica.) Ora, a ideia de que o eu real mora em meu corpo está associada à gramática peculiar da palavra "eu" e aos mal-entendidos [112] que essa gramática pode suscitar. Há dois casos diferentes de uso da palavra "eu" (ou "meu"), que eu poderia chamar de "uso como objeto" e "uso como sujeito". Exemplos do primeiro tipo de uso são os seguintes: "Meu braço está quebrado", "Eu cresci seis polegadas", "Eu tenho um galo em minha testa", "O vento está desarrumando meu cabelo". Exemplos do segundo tipo são: "*Eu* vejo tal e tal coisa", "*Eu* escuto tal e tal coisa", "*Eu* estou tentando levantar meu braço", "*Eu* acho que vai chover", "*Eu* tenho dor de dente". Podemos apontar para a diferença entre essas duas categorias dizendo: Os casos da primeira categoria envolvem o reconhecimento de uma pessoa específica e há, nesses casos, a possibilidade de um erro ou, como prefiro colocar: A possibilidade de um erro está prevista. A possibilidade de não marcar pontos está prevista em um jogo de *pinball*.[73] Por outro lado, não figura entre os riscos do jogo que as bolas não apareçam caso eu insira uma ficha na máquina. É possível que, talvez devido a um acidente, eu sinta uma dor em meu braço, veja um braço quebrado junto a mim e acredite que ele é meu, quando, na realidade, ele é da pessoa ao lado. E eu poderia, olhando num espelho, tomar um galo na testa dela por um galo na minha testa. Por outro lado, quando digo que tenho dor de dente, a questão aqui não é reconhecer uma pessoa. Perguntar "você tem certeza de que é *você* que tem dores?" seria sem sentido. Ora, se nesse caso nenhum erro é possível, é porque o lance que poderíamos estar inclinados a ver como um erro, como um "lance ruim", não é de modo algum um lance do jogo. (No xadrez, distinguimos entre lances bons e ruins, e chamamos de erro se expomos a [113] dama a um bispo. Mas não é um erro promover um peão a rei.) E agora, a seguinte maneira de formular nossa ideia se insinua:

73. No original, *pin game*. O termo se refere a um tipo de jogo mecânico comum na Europa desde o século 18, também conhecido como *bagatelle*. Trata-se de uma mesa inclinada cravada com inúmeros pinos (daí o nome *pinball*), em meio aos quais se faz rolar uma bola; a posição em que ela para indica a quantidade de pontos marcados (que pode ser nula). Importante notar, para melhor compreensão do contexto, que a partir de 1931 passaram a ser fabricadas máquinas que exigiam o uso de moedas para o seu funcionamento. Lembramos, ainda, que a aula que originou o presente texto foi proferida no início de 1934. Assim, o termo pode se referir também à versão eletromecânica do *pinball* surgida em finais de 1933 (a partir da invenção de Harry Williams), a qual fez imediato sucesso nos Estados Unidos. Ela ainda não apresentava os *flippers* que, introduzidos em 1947, viriam a caracterizar sua versão mais famosa, conhecida como "fliperama".

que ao fazer a afirmação "Eu tenho dor de dente" é tão impossível que eu tenha confundido outra pessoa comigo mesmo como é impossível gemer de dor por engano, tendo confundido outro alguém comigo mesmo. Dizer "Eu tenho dor" não é uma afirmação *acerca* de uma pessoa específica, assim como gemer também não o é. "Mas certamente a palavra 'eu', na boca de um homem, refere-se ao homem que a diz; aponta para ele mesmo; e muito frequentemente o homem que a diz de fato está apontando para si mesmo com seu dedo." Mas era totalmente supérfluo que ele apontasse para si mesmo. Ele poderia igualmente ter apenas levantado a mão. Seria errado dizer que, quando alguém aponta para o sol com a mão, está apontando tanto para o sol quanto para si mesmo, porque é *ele* quem está apontando; por outro lado, ao apontar, ele pode estar atraindo atenção tanto para o sol quanto para si mesmo.

A palavra "eu" não significa o mesmo que "L. W.", mesmo que eu seja L. W., e também não significa o mesmo que "a pessoa que agora está falando". Mas isso não significa: que "L. W." e "eu" signifiquem coisas diferentes. Tudo o que isso significa é que essas palavras são instrumentos diferentes em nossa linguagem.

Pense nas palavras como instrumentos caracterizados por seu uso, e então pense no uso de um martelo, no uso de um formão, no uso de um esquadro, de um pote de cola e da cola. (Do mesmo modo, tudo o que estamos dizendo aqui pode ser entendido apenas quando se entende que uma grande variedade de jogos é jogada com as frases de [114] nossa linguagem: Dar ordens e obedecer a ordens; fazer perguntas e respondê-las; descrever um evento; contar uma história fictícia; contar uma piada; descrever uma experiência imediata; fazer conjecturas a respeito de eventos no mundo físico; fazer hipóteses e teorias científicas; cumprimentar alguém etc. etc.) A boca que diz "eu" ou a mão que é levantada para indicar que sou eu quem deseja falar, ou que sou eu quem tem dor de dente, ao fazer isso, não está apontando para nada. Por outro lado, se desejo indicar o *lugar* da minha dor, eu aponto. E lembre-se novamente, aqui, da diferença entre apontar para o ponto dolorido sem ser conduzido pelo olho e, por outro lado, apontar para uma cicatriz em meu corpo depois de tê-la procurado. ("Foi aqui que me vacinaram.") — O homem que berra de dor, ou diz que tem dor, *não escolhe a boca que o diz*.

Tudo isso equivale a dizer que a pessoa a respeito de quem dizemos "ele tem dor" é, pelas regras do jogo, a pessoa que grita, contorce a face etc. O lugar da dor — como dissemos — pode estar no corpo de outra pessoa. Se, ao dizer "eu", aponto para meu próprio corpo, tomo como modelo para o uso da palavra "eu" o uso do demonstrativo "essa pessoa" ou "ele". (Esse modo de tornar duas expressões semelhantes é ligeiramente análogo àquele que às vezes se adota em matemática, digamos, na prova de que a soma dos três ângulos de um triângulo é 180°.

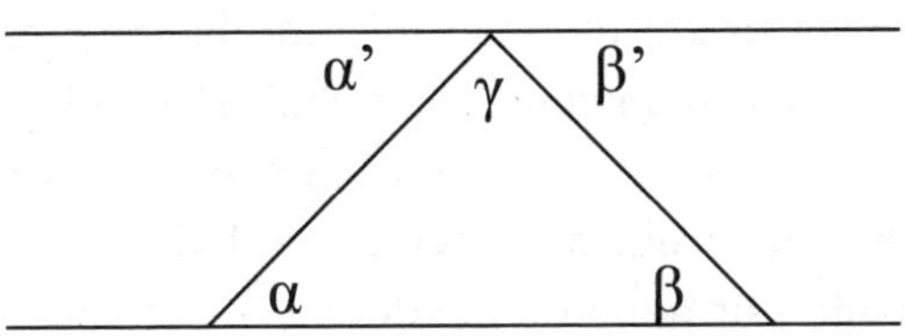

Dizemos "$\alpha = \alpha'$, $\beta = \beta'$ e $\underline{\gamma = \gamma}$".[74] As primeiras duas igualdades são de um tipo completamente [115] diferente do da terceira.) Em "eu tenho dor", "eu" não é um pronome demonstrativo.

74. Em seus tiposcritos e manuscritos, Wittgenstein sublinha os termos e expressões aos quais deseja dar destaque. Nas publicações de sua obra, esses sublinhados são convertidos em itálicos. Aqui, por razões que não estão claras, Rush Rhees preferiu manter o sublinhado, no que o seguimos.

Compare estes dois casos: 1. "Como você sabe que *ele* tem dores?" — "Porque eu ouço ele gemer". 2. "Como você sabe que você tem dores?" — "Porque eu as *sinto*". Mas "eu as sinto" significa o mesmo que "eu as tenho". Portanto, isso não foi explicação alguma. Porém, o fato de que, em minha resposta, eu esteja inclinado a enfatizar a palavra "sinto", e não a palavra "eu", indica que, com "eu",[75] não desejo selecionar uma pessoa (entre diferentes pessoas).

A diferença entre as proposições "eu tenho dor" e "ele tem dor" não é aquela entre "L. W. tem dor" e "Smith tem dor". Antes, corresponde à diferença entre gemer e dizer que alguém está gemendo. — "Mas certamente a palavra 'eu', em 'eu tenho dor', serve para me distinguir de outras pessoas, pois é por meio do sinal 'eu' que distingo entre dizer que eu tenho dor e dizer que um dos outros tem dor." Imagine uma linguagem em que, em vez de "ninguém estava na sala quando fui olhar", se dissesse "o sr. Ninguém estava na sala quando fui olhar". Imagine os problemas filosóficos que surgiriam de uma notação como essa.[76] Alguns filósofos criados nessa linguagem provavelmente sentiriam que não gostam da semelhança entre as expressões "sr. Ninguém" e "sr. Smith". Quando sentimos que desejamos abolir o "eu" em "eu tenho dor", pode-se dizer que tendemos a tornar a expressão verbal da dor semelhante à expressão por meio de gemidos. — Estamos inclinados a esquecer [116] que é apenas o uso específico de uma palavra o que dá à palavra o seu significado. Pensemos em nosso an-

75. A expressão "com 'eu'" não ocorre nos tiposcritos consultados, apenas na edição de Rush Rhees.

76. Nos tiposcritos consultados, lê-se "*notation*". Já na edição de Rush Rhees, encontra-se "*convention*" [convenção]. Neste caso, preferimos seguir os originais consultados.

tigo exemplo para o uso das palavras: Alguém é mandado até a quitanda com um pedaço de papel em que estão escritas as palavras "cinco maçãs". O uso da palavra *na prática* é o seu significado. Imagine que fosse comum que os objetos ao nosso redor trouxessem sobre si etiquetas com palavras, por meio das quais nosso discurso se referisse aos objetos. Algumas dessas palavras seriam nomes próprios dos objetos, outras, nomes genéricos (como mesa, cadeira etc.), outras, ainda, seriam nomes de cores, nomes de formas etc. Ou seja, uma etiqueta só teria um significado para nós na medida em que fizéssemos um uso específico dela. Poderíamos facilmente imaginar, agora, que tivéssemos impressões causadas em nós pela mera visão da etiqueta em uma coisa, esquecendo-nos de que o que torna essas etiquetas importantes é o seu uso. Desse modo, às vezes acreditamos ter nomeado algo quando fazemos o gesto[77] de apontar e pronunciamos palavras como "Isto é ..." (a fórmula da definição ostensiva). Dizemos que chamamos algo de "dor de dente" e pensamos que a expressão recebeu uma função definida nos procedimentos que executamos com a linguagem quando, em certas circunstâncias, apontamos para nossa bochecha e dizemos: "Isto é dor de dente". (Nossa ideia é que, quando apontamos, basta que o outro "saiba para o que apontamos" para que saiba o uso da palavra. E aqui temos em mente o caso especial em que "aquilo para o que apontamos" é, digamos, uma pessoa, e "saber para o que aponto"[78] significa ver para qual das pessoas presentes eu aponto.) [117]

77. Nos tiposcritos consultados, lê-se "*a gesture*" [um gesto]. Já na edição de Rush Rhees, encontra-se "*the gesture*", no que o seguimos.

78. Nos tiposcritos consultados, lê-se "*to know what I point to*". Já na edição de Rush Rhees, encontra-se "*to know that I point to*" [saber que aponto]. Neste caso, preferimos seguir os originais consultados.

Sentimos, então, que nos casos em que "eu" é usado como sujeito, não o usamos porque reconhecemos uma pessoa específica por meio de suas características corpóreas; e isso cria a ilusão de que usamos essa palavra para nos referir a algo incorpóreo que, no entanto, tem assento em nosso corpo. De fato, *esse* parece ser o ego real, aquele do qual se disse "Cogito, ergo sum". — "Será então que não há mente, mas apenas um corpo?" Resposta: A palavra "mente" tem significado, isto é, tem um uso em nossa linguagem; mas dizer isso ainda não diz que tipo de uso fazemos dela.

De fato, pode-se dizer que aquilo que nos interessava nestas investigações era a gramática daquelas palavras que descrevem o que é chamado de "atividades mentais": ver, ouvir, sentir etc. E isso é o mesmo que dizer que estamos interessados na gramática de "expressões que descrevem dados sensíveis".

Os filósofos dizem, como se fosse uma opinião filosófica ou uma convicção filosófica, que há dados sensíveis. Mas dizer que eu acredito que há dados sensíveis é o mesmo que dizer que eu *acredito* que um objeto pode parecer estar diante de nossos olhos mesmo quando não está. Ora, quando a expressão "dado sensível" é usada, deve-se ter clareza acerca da peculiaridade de sua gramática. Pois a ideia envolvida na introdução dessa expressão era tomar expressões referentes à "realidade" como modelo para expressões referentes à "aparência". Já se disse, por exemplo, que se duas coisas *parecem* ser iguais, então é *necessário* que haja dois algos que *são* iguais. O que obviamente [118] não significa nada mais do que dizer que decidimos usar uma expressão como "a aparência dessas duas coisas é igual" como sinônimo de "essas duas coisas parecem ser iguais". Por estranho que seja, a introdução dessa nova fraseologia iludiu as pessoas, fazendo-as acreditar que haviam descoberto novas entidades, novos elementos da estrutura do mundo, como se dizer "Eu acredito que há dados sensíveis" fosse semelhante a dizer "Eu acredito que a matéria consiste em elétrons". Quando falamos da igualdade das aparências ou dos dados sensíveis, introduzimos um novo uso da palavra "igual". É possível que os comprimentos A e B nos pareçam ser iguais, que B e C pareçam ser iguais, mas que A e C não pareçam ser iguais. E, na nova notação, teremos de dizer que, embora a aparência (dado sensível) de A seja igual à de B, e a aparência de B igual à de C, a aparência de A não é igual à de C; e não há nada de errado com isso se você não se incomodar em usar "igual" de maneira intransitiva.

O perigo em que agora nos encontramos, ao adotar a notação do dado sensível, é esquecer a diferença entre a gramática de uma afirmação a respeito de dados sensíveis e a gramática de uma afirmação, superficialmente semelhante, a respeito de objetos físicos. (A partir daqui, poderíamos seguir falando acerca dos mal-entendidos expressos em frases como: "Não somos nunca capazes de ver um círculo perfeito", "Todos os nossos dados sensíveis são vagos". Isso também leva à comparação entre as gramáticas de "posição", "movimento" e "tamanho" no espaço euclidiano e no espaço visual. Há, [119] por exemplo, posição absoluta, movimento e tamanho absolutos, no espaço visual.)

Podemos agora fazer uso de uma expressão como "apontar para a *aparência* de um corpo" ou "apontar para um dado sensível visual". Falando de maneira aproximada, esse tipo de apontar vem a ser o mesmo que mirar algo, digamos, por sobre o cano de um revólver. Assim, podemos apontar e dizer: "É nessa direção que vejo minha imagem no espelho". Também se pode usar uma expressão como "a aparência, o dado sensível, do meu dedo está apontando para o dado sensível da árvore" e outras semelhantes. Precisamos distinguir, contudo, esses casos de apontar daqueles de apontar na direção da qual um som parece estar vindo, ou de apontar para a minha testa com os olhos fechados etc.

Ora, quando digo, à maneira do solipsista, "*Isto* é o que realmente é visto", aponto à minha frente, e é essencial que eu aponte *visualmente*. Se eu apontasse para os lados ou para trás — por assim dizer, para coisas que não estou vendo —, o apontar seria, nesse caso, desprovido de significado para mim; não seria apontar no sentido que desejo dar a apontar. Mas isso significa que quando aponto à minha frente e digo "isto é o que realmente é visto", embora eu faça o gesto de apontar, não aponto para uma coisa como sendo o oposto de apontar para outra. É como nos casos em que, quando viajo de carro e estou com pressa, instintivamente pressiono o que está à minha frente, como se eu pudesse empurrar o carro por dentro.

Quando faz sentido dizer "eu vejo isto" ou "isto é visto" apontando para o que estou vendo, também faz *sentido* dizer "eu [120] vejo isto" ou "isto é visto" apontando para alguma coisa que *não* estou vendo. Quando fiz minha afirmação solipsista, eu estava apontando, mas privei o apontar de seu sentido ao conectar inextricavelmente aquilo que está apontando e aquilo para o que se aponta. Eu construí um relógio com todas as suas engrenagens etc. e, no final, fixei o ponteiro no mostrador e fiz os dois girarem juntos. E dessa maneira o "Somente isto é realmente visto" do solipsista nos lembra uma tautologia.

Obviamente, uma das razões pelas quais nos sentimos tentados a fazer nossa pseudoafirmação é sua semelhança com a afirmação "eu somente vejo isto" ou "esta é a região que eu estou vendo", enquanto aponto para certos objetos ao meu redor, como sendo o oposto de apontar para outros objetos, ou aponto em certa direção no espaço físico (não no espaço visual), como sendo o oposto de apontar em outras direções do espaço físico. E se, apontando – com esse sentido de apontar –, eu digo "isto é o que realmente é visto", alguém pode me responder: "Isto é o que *você*, L. W., está vendo; mas não há nenhuma objeção em adotar uma notação na qual o que costumávamos chamar de 'coisas que L. W. está vendo' seja chamado de 'coisas realmente vistas'". Contudo, se eu acredito que ao apontar para aquilo que em minha gramática não tem vizinhança eu posso transmitir algo a mim mesmo (ainda que não para outros), cometo um erro semelhante àquele de pensar que a frase "Eu estou aqui" faz sentido para mim (e, aliás, é sempre verdadeira) em condições diferentes daquelas condições bastante especiais em que ela realmente faz sentido. (Por exemplo, quando minha voz e a direção da qual estou falando são reconhecidas por outra pessoa.)[79] — Mais uma vez, um importante caso em que você pode [121] aprender que uma palavra tem significado por meio do uso específico que fazemos dela. — Somos como pessoas que acreditam que pedaços de madeira com formatos mais ou menos semelhantes ao das peças do xadrez ou das damas, colocados sobre um tabuleiro de xadrez, constituem um jogo, mesmo que nada tenha sido dito a respeito de como eles devem ser usados.

Dizer "algo está se aproximando de mim" tem sentido mesmo quando, do ponto de vista físico, nada está se aproximando do meu corpo; e, do mesmo modo, faz sentido dizer "algo está aqui" ou "algo me alcançou" quando nada alcançou meu corpo. E, por outro lado, "eu estou aqui" faz sentido se minha voz é reconhecida e ouvida como vindo de um lugar específico

79. Tanto os sinais de parênteses quanto o travessão logo a seguir estão presentes nos tiposcritos originais, mas foram ignorados na edição de Rush Rhees.

do "espaço comum".[80] Na frase "algo está aqui", o "aqui" era um aqui no espaço visual. Falando aproximadamente, trata-se do olho geométrico. Para que a frase "eu estou aqui" faça sentido, ela precisa atrair atenção para um lugar no espaço comum. (E há diversas maneiras como essa frase poderia ser usada.) O filósofo que acha que faz sentido dizer para si mesmo "eu estou aqui" extrai essa expressão verbal da frase em que "aqui" é um lugar no espaço comum, e pensa em "aqui" como o aqui no espaço visual. O que ele realmente está falando, portanto, é algo como "Aqui está aqui".

Eu poderia, porém, tentar expressar meu solipsismo de uma maneira diferente: Imagino que eu e outras pessoas desenhamos imagens ou anotamos descrições daquilo que cada um de nós está vendo. Essas descrições são postas à minha frente. Eu aponto para aquela que eu fiz e digo: "Somente isto é (ou foi) realmente visto". Ou seja, eu me sinto tentado a dizer: "Somente esta descrição tem realidade (realidade visual) [122] por trás dela". As outras eu poderia chamar de — "descrições vazias". Eu também poderia me expressar dizendo: "Somente *esta* descrição foi derivada da realidade; somente esta foi comparada com a realidade". Ora, quando dizemos que esta imagem ou descrição é uma projeção, digamos, desse grupo de objetos — as árvores para as quais estou olhando —, ou que ela foi derivada desse grupo de objetos, isso tem um significado claro. Mas precisamos perscrutar a gramática de uma frase como "esta descrição é derivada do meu dado sensível". Aquilo de que estamos falando está associado à tentação peculiar de dizer: "Eu nunca sei o que o outro realmente quer dizer com 'marrom', ou o que ele realmente vê quando diz (verdadeiramen-

80. As aspas estão presentes nos tiposcritos consultados, mas foram ignoradas na edição de Rush Rhees.

te) que está vendo um objeto marrom". — Poderíamos propor, para alguém que diz isso, que use duas palavras diferentes em vez de uma única palavra, "marrom"; uma palavra "*para a sua impressão específica*",[81] a outra palavra com aquele significado que outras pessoas além dele próprio também podem entender. Se ele pensar a respeito dessa proposta, verá que há algo de errado na sua concepção do significado, da função, da palavra "marrom" e outras. Ele está procurando por uma justificativa para a sua descrição onde não há nenhuma. (Assim como no caso em que um homem acredita que a cadeia de razões precisa ser infinita. Pense na justificativa, por meio de uma fórmula geral, para realizar operações matemáticas; e pense na questão: Será que, neste caso particular, essa fórmula nos compele a usá-la do modo como a usamos?) Dizer "Eu derivo uma descrição a partir da realidade visual" não pode significar nada que seja análogo a: "Eu derivo uma descrição a partir do que estou vendo aqui". Eu posso, por exemplo, ver uma tabela em que um quadrado [123] colorido está correlacionado à palavra "marrom", e também uma mancha da mesma cor em outro lugar; e posso dizer: "Esta tabela me mostra que eu preciso usar a palavra 'marrom' para a descrição desta mancha".[82] É dessa maneira que posso derivar a palavra de que necessito em minha descrição.[83] Mas seria desprovido de significado dizer que

81. As aspas estão presentes nos tiposcritos consultados, mas foram ignoradas na edição de Rush Rhees.

82. Nos tiposcritos consultados, lê-se "*This shows me that I must use 'brown' for the description of this patch*" [Isso me mostra que eu preciso usar "marrom" para a descrição desta mancha]. Já na edição de Rush Rhees, encontra-se "*This chart shows me that I must use the word 'brown' for the description of this patch*", no que o seguimos.

83. Nos tiposcritos consultados, lê-se "*This is how I may derive the word 'brown' for the use of my description*" [É dessa maneira que posso derivar a palavra "marrom" para o uso da minha descrição]. Já na edição de Rush Rhees,

eu derivo a palavra "marrom" a partir da impressão de cor específica que recebo.

Perguntemos agora: "Será que um *corpo* humano pode ter dor?". Estamos inclinados a dizer: "Como o corpo pode ter dor? O corpo, em si mesmo, é algo morto; um corpo não é consciente!". E aqui, mais uma vez, é como se perscrutássemos a natureza da dor e víssemos que está em sua natureza que um objeto material não pode tê-la. E é como se víssemos que aquilo que tem dor precisa ser uma entidade de uma natureza diferente daquela de um objeto material; que, com efeito, aquilo que tem dor precisa ser de uma natureza mental. Mas dizer que o ego é mental é como dizer, ao reconhecer que o numeral "3" não é usado como um sinal para um objeto físico, que o número 3 é de uma natureza mental ou imaterial.

Por outro lado, podemos perfeitamente bem adotar a expressão "este corpo está sentindo dor", e então, como é usual, pediremos ao corpo que vá ao médico, que se deite, e até mesmo que se lembre de que, na última vez em que teve dores, elas passaram em um dia. "Mas essa forma de expressão não seria, no mínimo, uma forma de expressão indireta?" — Acaso usamos uma expressão indireta quando dizemos "Escreva '3' no lugar de 'x' nesta fórmula" em vez de "Substitua x por 3"? (Ou, por outro lado, será que a primeira dessas duas expressões [124] é a única expressão direta, como pensam alguns filósofos?) Uma expressão não é mais direta que a outra. O significado da expressão depende inteiramente de como seguimos usando essa expressão. Não imaginemos o significado como uma conexão oculta que a mente faz entre uma palavra e uma coisa, nem que essa conexão *contém* todo o uso de uma

→ encontra-se "*This is how I may derive the word which is needed in my description*", no que o seguimos.

palavra, do mesmo modo como se poderia dizer que a semente contém a árvore.

O núcleo de nossa proposição segundo a qual aquilo que tem dores ou vê ou pensa é de uma natureza mental é somente que a palavra "eu", em "eu tenho dores", não denota um corpo específico, pois não podemos substituir "eu" por uma descrição de um corpo.[84]

84. Nos tiposcritos consultados, lê-se "*we can't substitute for it a description of a body*" [não podemos substituí-la por uma descrição de um corpo]. Já na edição de Rush Rhees, encontra-se "*we can't substitute for 'I' a description of a body*", no que o seguimos.

POSFÁCIO

Novo novelo: o caminho até *O livro azul*[1]

JOÃO VERGÍLIO GALLERANI CUTER

1. O CURSO QUE VIROU LIVRO

O *Livro azul* nasceu de uma atitude inusual. Em 1933, Wittgenstein anunciou que daria um curso em Cambridge intitulado "Filosofia para matemáticos". Inscreveram-se "de trinta a quarenta alunos",[2] o que deixou o já não tão jovem (44 anos) professor austríaco irritado. Declarou à classe que não poderia continuar dando o curso para tantas pessoas e que, por isso, as aulas seriam distribuídas por escrito. Convocou alguns de seus melhores alunos[3] para tomarem notas que, depois de corrigidas, seriam

1. Agradeço a leitura atenta e as valiosas sugestões feitas por meus alunos João Lucas Pimenta da Silva Pinto, Rodrigo Castro Lima e Tales Rodrigues Noronha Silva, bem como a minuciosa revisão final feita pelos tradutores deste livro (e meus ex-alunos), os professores Giovane Rodrigues e Tiago Tranjan, sem cujos comentários este texto teria um número ainda maior de insuficiências e imperfeições.

2. Oets Kolk Bouwsma, "The *Blue Book*". *The Journal of Philosophy*, v. 58, n. 6, p. 141, 1961.

3. O grupo inicial era formado por Alice Ambrose, que faria uma carreira brilhante nos Estados Unidos como professora de filosofia da matemática da Universidade de Michigan e, depois, do Smith College; Margaret Masterman, pioneira no estudo da linguística computacional; Harold Coxeter e Reuben

mimeografadas e distribuídas aos demais colegas. Wittgenstein ditava apenas algumas páginas por semana, dedicando boa parte do tempo à discussão com o grupo. O texto era então datilografado, corrigido pelo autor e depois transcrito num estêncil, dando origem a apostilas mimeografadas que começaram a circular por Cambridge encapadas em azul. Na falta de um título, os leitores começaram a se referir à apostila pela cor da capa.

Mais de trinta alunos numa classe era, de fato, algo inusual. Mas a procura tinha razão de ser. A discussão sobre os fundamentos da matemática estava fervilhando após a publicação do artigo de Kurt Gödel a respeito da incompletude essencial de certas axiomatizações da aritmética.[4] No centro dessa discussão (e no próprio título do artigo), estavam os *Principia Mathematica*, de autoria de dois ilustres professores de Cambridge, Bertrand Russell e Alfred North Whitehead. O primeiro deles fora uma espécie de mentor do jovem Wittgenstein antes da Primeira Guerra Mundial e tinha escrito a introdução à edição inglesa do *Tractatus Logico-Philosophicus*, único livro que Wittgenstein publicou em vida.[5] No manifesto do Círculo de Viena, publicado

→ Goodstein, dois dos mais importantes matemáticos do século 20; e Francis Skinner, considerado um gênio por seus contemporâneos, mas que, sob a influência de Wittgenstein, acabou abandonando o estudo da matemática; Helen Knight, filósofa que integrava a Aristotelian Society desde 1922, juntou-se ao grupo pouco depois.

4. O artigo, intitulado "Über formal unentscheidbare Sätze der *Principia Mathematica* und verwandter Systeme" [Sobre sentenças formalmente indecidíveis dos *Principia Mathematica* e de sistemas afins], foi publicado em 1931 na revista científica *Monatshefte für Mathematik*.

5. O *Tractatus* foi publicado em 1921 no último volume de uma revista científica dirigida por Wilhelm Ostwald (*Annalen der Naturphilosophie*, v. 14, pp. 185-262). O texto estava cheio de erros, mas já vinha acompanhado de uma introdução em alemão de Bertrand Russell. No ano seguinte, foi publicada uma edição inglesa bilíngue, com tradução de C. K. Ogden, com a ajuda de F. P. Ramsey e G. E. Moore. Em 1927, o *Tractatus* seria traduzido para o chinês a partir da edição alemã por Zhang Shenfu, que assistira às conferências dadas por Russell na China em

em forma de panfleto em 1929, Wittgenstein, Russell e Einstein eram mencionados como os representantes máximos da "visão científica do mundo". Os primeiros cursos dados por Wittgenstein em Cambridge (1930-3), quando ainda era professor temporário, foram acompanhados por ninguém menos que George Edward Moore, professor catedrático e um dos principais filósofos da geração mais antiga.[6] Wittgenstein era, assim, o autor de um livro que parecia trazer uma mensagem fundamental para a filosofia contemporânea e, em especial, para a filosofia da matemática. Um detalhe, porém, se interpunha entre ele e seus alunos (Moore, inclusive). A mensagem do *Tractatus* não era compreendida por quase ninguém. O prefácio de Russell oferecia algum acesso ao livro, mas Wittgenstein jamais escondeu sua insatisfação com o texto.[7] O matemático Frank Ramsey, este, sim, tinha entendido o *Tractatus* nos detalhes,[8] mas morrera ainda moço, aos 29 anos, em 1930. Os membros do Círculo de Viena, a quem

→ 1920-1, exatamente à época em que este último negociava, pelo correio, a publicação do *Tractatus* na Inglaterra. A tradução foi publicada na *Philosophical Review* de Beijing com o título 名理论 (aproximadamente, "Teoria dos nomes"). Traduções para outras línguas só começaram a aparecer no pós-guerra: na Itália, em 1954, numa cuidadosa edição e tradução de Gian Carlo Maria Colombo, com um apêndice escrito por Michael Dummet; na Espanha, em 1957, traduzido por Enrico Tierno Galván; e na França, em 1961, traduzido por Pierre Klossowski. O primeiro estudo abrangente sobre o livro foi *An Introduction to Wittgenstein's Tractatus*, de G. E. M. Anscombe, publicado em 1959. No Brasil, a primeira tradução do *Tractatus* foi feita em 1968, pelo professor José Arthur Giannotti.

6. Em 1954 e 1955, Moore publicou um sumário e análise de suas copiosas anotações [*Mind*, v. 63, 1954, pp. 1-15 (parte I) e pp. 289-315 (parte II); v. 64, 1955, pp. 1-27 (parte III)]. As anotações originais estão publicadas no volume *Wittgenstein: Lectures, Cambridge 1930-1933*, organizado por David G. Stern, Brian Rogers e Gabriel Citron (Cambridge: Cambridge University Press, 2016).

7. Para maiores detalhes, remeto o leitor à descrição feita por Ray Monk no oitavo capítulo ("The Unprintable Truth") de seu livro *Wittgenstein: The Duty of Genius* (Nova York: Penguin, 1991).

8. Sua "Critical Notice", publicada ainda em 1923 na revista *Mind* (v. 32, n. 128, pp. 465-78), ainda é e será sempre um excelente texto sobre o *Tractatus*.

Wittgenstein explicara o *Tractatus*, estavam na capital austríaca e, ademais, eram acusados pelo autor de não terem entendido nem o livro, nem suas explicações.

O interesse dos matemáticos da geração mais nova era, portanto, simplesmente natural. Eles não vinham apenas para assistir a um curso de um professor austríaco iniciando sua carreira acadêmica na quarta década de vida. Vinham para conhecer o autor do *Tractatus* e, com alguma sorte, entender minimamente o que dizia aquele livro tão famoso quanto impenetrável a respeito de temas que estavam na ordem do dia para todos eles.

Com certeza, essa não era uma situação fácil para Wittgenstein. Ele próprio já não concordava com praticamente nada do que havia escrito dez anos antes. As concordâncias, quando existiam, eram quase sempre meramente verbais e diziam respeito a pontos muito gerais, insuficientes para caracterizar tanto o que ele pensava antes quanto o que pensava agora. Segundo o *Tractatus*, por exemplo, a filosofia deveria deixar de ser teoria para se transformar numa *atividade* — a chamada "análise lógica da linguagem". Isso continuava de pé, mas apenas se essa expressão fosse entendida de um modo inteiramente novo, fazendo com que a atividade filosófica preconizada no *Tractatus* se tornasse irreconhecível. Ser procurado por conta de seu primeiro livro não era apenas um equívoco teórico. Era quase um erro de pessoa. Wittgenstein estava sendo admirado por ideias das quais, agora, discordava e desejava se dissociar.

E não havia muito remédio para a situação. O que ele poderia fazer além de publicar um texto no qual o *erro* de seu primeiro livro viesse exposto com todas as letras? Isso ele já havia feito quatro anos antes, num artigo de sete páginas.[9] De-

9. "Some Remarks on Logical Form". *Proceedings of the Aristotelian Society, Supplementary Volumes*, v. 9, pp. 162-71, 1929. O artigo foi escrito na primeira

veria dar cursos de introdução a um livro *seu* com o qual já não concordava? Com que finalidade? Os aforismos finais do *Tractatus* tornavam a situação ainda mais embaraçosa. Deveria o autor do celebrado opúsculo fazer uma segunda tentativa de "dizer o que não pode ser dito" para, na última aula, informar que esperava que seus alunos, por compreenderem a pessoa, digamos assim, do professor, deveriam compreender que tudo o que fora dito ao longo do curso era desencaminhador e carente de sentido?[10] Deveria, acima de tudo, exibir a futuros matemáticos uma filosofia da matemática sem futuro e uma filosofia da linguagem que havia naufragado exatamente em função (já

→ metade de 1929, num período de intensa colaboração com Ramsey, tendo em vista a participação de Wittgenstein num congresso de filosofia organizado em conjunto pela Aristotelian Society e pela revista *Mind*. O evento teve lugar em Nottingham em julho daquele ano. O artigo foi publicado nos anais do congresso, mas Wittgenstein decidiu não o apresentar, dando, em vez disso, uma conferência sobre o infinito em matemática.

10. Wittgenstein afirma, no penúltimo aforismo do livro, que suas proposições só "elucidam" [*erläutern*] algo na medida em que a pessoa que "o" compreende reconhece que *todas* as proposições do livro (*essa*, inclusive!) são contrassensos e devem, por isso, ser deixadas para trás como se fossem uma escada usada para ultrapassar um muro (6.54). A meu ver, não há contradição alguma nessa passagem, nem pode haver, pois uma contradição não pode ser um contrassenso. O *Tractatus* não seria, de seu próprio ponto de vista, nem o primeiro nem o último livro a não ter sentido. A linguagem cotidiana, apesar de estar "em perfeita ordem lógica" (5.5563), é frequentemente usada por todos nós sem nenhuma consciência dessa ordem lógica subjacente ao uso. Isso faz com que muitos sons que proferimos só pertençam a uma "linguagem" do ponto de vista da gramática normativa superficial e de nossos hábitos linguísticos. Vistos com as lentes da gramática lógica profunda, não passam de sons emitidos por um animal específico numa situação particular de vida. Apesar de não fazerem sentido, contrassensos têm efeitos previsíveis. Podem ser usados para induzir as pessoas a agirem assim ou assado. Até o latido de um cachorro tem essa capacidade, por que um contrassenso não haveria de ter? Contrassensos já mandaram pessoas para a fogueira. Poderiam muito bem encaminhar outras à fastidiosa tarefa de analisar logicamente as sentenças que usamos. Não há maior dificuldade lógica na descrição dessa tarefa do que haveria na descrição do trabalho de um amanuense ou de um bibliotecário.

veremos) de uma abordagem inadequada da aritmética? Eis o dilema que o autor do *Tractatus* tinha diante de si. Não era uma situação confortável.

Mas o que havia de tão errado assim no *Tractatus*?

2. O RETORNO DOS NÚMEROS À LINGUAGEM

Quando volta para Cambridge em 1929, Wittgenstein percebe que seria impossível usar o arsenal lógico do *Tractatus* para dar conta da utilização de números nos contextos em que eles expressam "graus" de uma certa grandeza: o comprimento de algo, o volume de um som, a temperatura de um objeto, o matiz ou a saturação de uma cor, e assim por diante. Se o *Tractatus* estivesse correto, uma proposição como "Esta mesa tem 2 metros" deveria poder ser analisada em termos de funções de verdade de proposições elementares. Em algum ponto desse processo de análise, o número "2" deveria sumir, dando lugar a quantificadores que, por sua vez, pudessem também ser eliminados, deixando em seu lugar apenas negações reiteradas. No artigo sobre a forma lógica, porém, Wittgenstein constata que não é possível proceder a essa eliminação dos números através da análise. Quantificadores como "existe um *x* tal que" e "para todo *x*" talvez sejam bons para expressar o resultado de uma contagem, mas são incapazes de expressar o resultado de uma medição. Se queremos dizer que há exatamente duas pessoas nesta sala, podemos dizer que há uma, outra e mais nenhuma. Se quisermos aplicar o mesmo método à medição da mesa, teremos que dizer que a mesa tem "um" metro, "outro" metro, e "nenhum outro" metro além "daqueles dois". Ora, isso destrói a própria ideia de "padrão" de que toda medida depende. Para medir a mesa, tenho que usar uma régua, uma fita métrica ou uma trena tomadas como idênticas ao longo do processo. Posso, é claro, aferir o padrão que estou usando, mas para isso serei obrigado a usar um *outro* padrão cuja identidade esteja pressuposta. É isso que fazemos quando acertamos um relógio, por exemplo. É impossível fazer qualquer espécie de medida sem tomar algum objeto, fenômeno ou processo como padrão de medida. Ninguém mede apenas com palavras, digamos assim. E ninguém mede sem convenções arbitrárias, feitas por seres humanos num certo tempo e lugar.

Era este o erro do *Tractatus*: imaginar que a linguagem pudesse ser dada atemporalmente, por meio de conexões entre nomes e objetos sempiternos e de operações lógicas feitas fora do espaço e do tempo, "no limite do mundo". Se quisermos medir, temos que estar completamente inseridos no mundo cotidiano e usar números associados a padrões de medida, que são objetos tão concretos quanto um termômetro ou uma régua. Esses objetos, por sua vez, só têm utilidade no contexto das ações humanas que envolvem esses padrões e das convenções humanas feitas a respeito deles. Nada "tem" por si só um metro ou uma polegada, nem "tem" o dobro do tamanho de outra coisa. A afirmação de que a mesa mede 2 metros só pode ser feita se estiver ancorada na atividade mundana, cotidiana e fortemente regrada de medir. Quem mede a mesa, permitam-me a insistência, não é um sujeito metafísico posto atemporalmente nos limites do sentido, como queria o *Tractatus*. É Fulano de Tal, carpinteiro, às nove e tanto da manhã, numa oficina que fica em tal rua de tal cidade. Números usados para medir não podem ser reduzidos a nada "mais básico" que eles (como acontecia no *Tractatus*, onde podiam ser eliminados por meio do uso de quantificadores e conectivos lógicos usuais, que por sua vez podiam ser definidos em termos da operação de negação simultânea). Eles devem ser introduzidos "em pessoa", enquanto tais, por meio de sinais numéricos associados às atividades em que estão envolvidos. Talvez seja possível estabelecer uma relação de sinonímia entre a proposição "A mesa tem 2 metros" e alguma outra. Mas devemos perder a esperança de chegar a uma tradução que elimine os números e utilize apenas quantificadores e conectivos em seu lugar. Mais ainda, devemos renunciar ao projeto de analisar o sentido da sentença "A mesa tem 2 metros" fazendo abstração dos instrumentos e convenções que criamos para medir objetos. Só é capaz de compreendê-la quem aprendeu como *medir* a mesa e *verificar* se ela, "de fato", tem 2 metros ou não.

Quando se dá conta disso, Wittgenstein é rapidamente levado a reconhecer que, ao menos no caso das proposições em que números são usados para expressar uma medida, o significado *não pode* ser dado por estruturas e relações atemporais, mas apenas pelo *uso regrado* que fazemos desses sinais (e das coisas que acompanham esses sinais) em nossa vida. Esse reconhecimento, porém, foi marcado, no início desse período de transição, por uma semântica ainda comprometida com um horizonte atemporal de significações ao qual apenas o sujeito que articula sentidos tem acesso. Persiste por algum tempo, portanto, a ideia de que a linguagem e o mundo têm um limite vinculado à minha esfera privada. Esse curto período é marcado pelo artigo sobre a forma lógica, pela conferência sobre ética,[11] pelas reuniões com membros do Círculo de Viena[12] e, acima de tudo, por um texto finalizado no primeiro semestre de 1930 e que só seria publicado após a morte do autor. Estamos falando

11. Publicada postumamente em *The Philosophical Review*, v. 74, n. 1, 1965.

12. Os registros taquigráficos de algumas dessas reuniões estão publicados no volume *Ludwig Wittgenstein und der Wiener Kreis* (Oxford: Basil Blackwell, 1967).

das *Observações filosóficas*, talvez o documento histórico mais importante para compreendermos quem era o autor do *Tractatus* quando Wittgenstein ditou, três anos depois, o *Livro azul*.

3. O FENÔMENO E A HIPÓTESE

As *Observações filosóficas* tomam a inviabilidade do *Tractatus* como um dado. Metade do livro (capítulos 10-19, na divisão feita por Rush Rhees) trata da gramática dos números e os trata como elementos irredutíveis, e não mais como "expoentes de operações lógicas", como eram definidos no *Tractatus*. Números são instrumentos de nossa linguagem (não "da" linguagem) organizados em sistemas de sinais de que fazemos uso em situações concretas. A principal preocupação de Wittgenstein, nas *Observações filosóficas*, é evitar que a análise dos números nos leve a qualquer compromisso com a ideia (para ele, contraditória) de "infinito atual". O "infinito" é simplesmente uma propriedade de regras que podem ser aplicadas reiteradamente (como "somar 1"), e não de supostas totalidades de objetos "obtidos" por meio dessas regras (o conjunto de "todos" os números naturais) ou, pior ainda, por meio de uma suposta aplicação de regras definidas para um número finito de elementos a supostas totalidades infinitas de objetos (o conjunto de "todos" os pares ordenados de números naturais).

Em seus termos mais gerais, essa nova análise dos números introduzida no início dos anos 1930 será mantida por Wittgenstein ao longo de toda a sua obra. Há novidades, porém, que ficaram circunscritas a esse período de transição. A principal delas é a oposição entre *hipóteses*, que não são proposições propriamente ditas, pois não podem ser definitivamente verificadas, e *proposições fenomênicas*, que diriam respeito a um âmbito privado a que somente o falante pode ter acesso e que só podem, por isso, ser verificadas privadamente. Essa oposição não apenas será abandonada nos anos seguintes como fornecerá o eixo em torno do qual boa parte da crítica filosófica de Wittgenstein irá se organizar. Seria impossível superestimar sua importância.

Valeria a pena, neste ponto, recordarmos em termos muito gerais a abordagem feita por Wittgenstein, no *Tractatus*, das leis científicas, pois é dessa abordagem que nasce o tratamento que será dado, no período intermediário, às "hipóteses".

Quando um físico afirma que a força é o produto da massa pela aceleração, não está falando sobre coisas que existem "soltas", independentemente daquilo que fazemos com réguas, ampulhetas e dinamômetros. Está me dando meios de vincular descrições dos resultados de certas medições feitas com certos instrumentos aos resultados de outras medições feitas com outros instrumentos. Mas essas leis *não descrevem* essas atividades. Elas não dizem que alguém mediu, nem o que foi medido. Leis físicas são tipicamente equações matemáticas que me permitem fazer inferências numéricas que não estão previstas logicamente. As leis se acrescentam, por assim dizer, à aritmética para a descrição do resultado de certas medições. São regras de inferência numérica arbitrariamente assumidas para acomodar as medições feitas até aqui. Numa ponta da aplicação da lei, tenho a descrição de uma medida. A lei me permite, então, inferir uma outra medida, e essa inferência não pode ser reduzida ao funcionamento de conectivos, quantificadores e séries formais. Meço a pressão de um volume determinado de um gás e uma equação física[13] me permite deduzir qual é a tem-

13. A equação de Clapeyron, PV = nRT. Devo a sugestão desse exemplo ao professor Tiago Tranjan. Numa versão anterior, eu usava a equação f = ma, que pode ser vista apenas como uma *definição* do conceito de força dentro do sistema newtoniano.

peratura desse gás, ou qual será sua pressão se eu dobrar sua temperatura, e assim por diante. No começo e no final, tenho medições (de volume, de pressão, de temperatura) cujos resultados o *Tractatus* acreditava poder analisar em termos de funções de verdade de proposições elementares. O que liga essas medidas entre si é uma equação, uma lei que não descreve coisa alguma, mas organiza os resultados das medições num sistema que me permite calcular o que vai acontecer quando determinadas condições estão dadas.

Com a constatação de que os números tractarianos não servem para medir, essa divisão do trabalho teve que ser refeita. Não são apenas (nem principalmente) as leis da física que não podem ser vistas como proposições quantificadas, ligadas a condições de verdade dadas fora do universo humano dos pesos e medidas. As proposições que *expressam medidas*, ou seja, as proposições descritivas que as equações da física vinculam entre si, atuando como regras de inferência acrescentadas à linguagem, proposições tão simples quanto "esta mesa tem 2 metros", *também* não são funções de verdade de proposições elementares. Sua bipolaridade é dada por atividades metódicas, ritualizadas, regradas de *verificação*, tais como pegar uma régua, encostá-la na mesa e anotar um sinal numérico num papel.

É essa subversão de fronteiras que dá origem, no início dos anos 1930, à identificação do sentido das proposições descritivas a seus métodos de verificação. O verificacionismo das *Observações filosóficas* foi uma consequência natural, por isso, do abandono da tese de que toda e qualquer proposição descritiva seria uma função de verdade de proposições logicamente independentes entre si (as chamadas "proposições elementares"). Quando entram na linguagem, os números entram vinculados a processos de verificação, a saber, medições e contagens. Seria insustentável manter a semântica das condições e funções de verdade para uma parte da linguagem e uma semântica verificacionista para outra. O sentido de toda e qualquer proposição descritiva passou a ser visto, nesse curto intervalo de tempo, como o seu método de verificação. É como se todas as proposições da linguagem tivessem adquirido agora um estatuto semelhante àquele que as leis da física tinham no *Tractatus*. Nenhuma delas parece se vincular atemporalmente ao mundo, mas parecem só adquirir sentido no contexto de práticas ritualizadas de intervenção no mundo, como acontece, nos casos mais típicos, com a medição.

Para entendermos o alcance e a importância dessa mudança, no entanto, é preciso lembrar que são raríssimas as proposições suscetíveis de verificação definitiva. Nenhuma proposição sobre o mundo físico (quer expresse medidas, quer não) pode ser definitivamente verificada. Mesmo quando as dúvidas razoáveis forem afastadas, restarão dúvidas céticas radicais, impedindo que qualquer método de *verificação*, no sentido estrito, possa ter um fim. Com o Gênio Maligno em ação, não há como verificar definitivamente se, quando fecho um dos olhos, isso que vejo é o meu nariz. As únicas exceções, segundo o empirismo clássico e o Wittgenstein do período intermediário, são as proposições fenomênicas, que seriam definitivamente verificadas (ou falseadas, conforme o caso) pelo "método" da inspeção direta. Só elas têm um sentido completamente determinado, só elas possuem uma bipolaridade forte, ontologicamente embasada, só elas podem ser chamadas de "proposições". É essa tese que dá à filosofia da linguagem exposta nas *Observações filosóficas* sua especificidade.

As proposições, nesse sentido forte, são sempre relatos de um conteúdo dado num presente fenomênico. "Há um círculo vermelho em meu campo visual", "Há a memória de um círculo vermelho em minha consciência", "Há a expectativa de um trovão vindo depois de um raio em minha consciência" são exemplos de relatos que podem ser imediata e definitivamente verificados (ou falseados) por simples inspeção. É quase possível dizer que Wittgenstein faz um enorme "esforço" para mostrar que, pelo menos no nível fenomênico, a bipolaridade e a noção de verdade como correspondência conservam seus direitos intactos. Descrições fenomênicas preservariam essa capacidade de ser "verdadeiras ou falsas" num sentido forte, não mais através de um espelhamento simples da situação descrita, mas pela possibilidade de uma verificação inapelável daquilo que foi dito. Ou é verdade ou não é que constato a presença de um círculo vermelho em meu campo visual ou a presença daquilo que me aparece imediatamente como a memória de um círculo ou como a expectativa de um trovão. Aqui, o sentido está plenamente dado. Mas nem sempre é assim. Aliás, quase nunca é.

Se digo que há uma *mesa* nesta sala — e não simplesmente que constato a presença de uma *aparência de mesa* em meu campo visual —, minhas experiências imediatas podem *corroborar* minha afirmação, mas jamais verificá-la completamente. No mundo físico, o Gênio Maligno vaga sem peias. Quando falo sobre a mesa, falo na verdade sobre minhas impressões, memórias e expectativas fenomênicas. Essas memórias e expectativas nunca verificam nem falseiam a *hipótese* de haver um objeto físico no espaço físico. Podem corroborar essa hipótese ou enfraquecê-la, mas jamais verificá-la do mesmo modo e no mesmo sentido que verificariam proposições fenomênicas. A hipótese se transforma, desse ponto de vista, numa espécie de *regra* para uma produção contínua de proposições fenomênicas, assim como 2n é a regra para a produção de uma série de números e o algoritmo para a extração da raiz quadrada de 2 é uma regra para a produção de uma expansão decimal. Tudo se passa como se fôssemos convidados a entender o discurso sobre as mesas, os livros e os planetas com a mesma provisoriedade com que o *Tractatus* aceitava o discurso científico sobre temperaturas, volumes e pressões. Enquanto as percepções imediatas, as memórias e as expectativas estiverem alinhadas às regras envolvidas no uso do termo "mesa", continuaremos usando esse termo para expressar nossas hipóteses. Se a experiência imediata se mostrar recalcitrante, mudaremos nossas crenças, ou, em casos mais extremos, mudaremos nossas convenções.

A diferença com relação à perspectiva do *Tractatus* é sutil, mas crucial. A mesa era vista, ali, como uma construção lógica que eu poderia fazer, à la Russell,[14] com o auxílio de conectivos e quantificadores. Em última instância, eu não estaria falando sobre mesas, nem sobre salas. Estaria falando sobre os objetos percorridos por variáveis associadas a quantificadores, e nenhum desses objetos poderia ser uma mesa ou uma sala, pois mesas e salas poderiam não existir e os valores de uma variável devem ter uma existência necessária. A mesa deveria ser tomada como uma ficção, mas os enunciados que empregam essa ficção poderiam ser completamente analisados em enunciados que não empregam ficção alguma. Eram enunciados de pleno direito, ou seja, funções de verdade de proposições elementares logicamente independentes entre si.

Não é isso que acontece com o enunciado "A mesa tem 2 metros", tal como Wittgenstein o vê em 1930. Esse enunciado, como quase todos de nossa linguagem, não se vincula ao mundo através de condições atemporais de verdade, mas através de nossos métodos de medir superfícies e também dos métodos que usamos para ir associando a palavra "mesa" (por oposição a palavras

14. Esse modelo de análise é esboçado em artigos como "The Relation of Sense-Data to Physics" (1914) e "The Ultimate Constituents of Matter" (1915), e exposto com mais detalhes em *Our Knowledge of the External World* (La Salle: The Open Court Publishing Company, 1914).

como "sonho" e "alucinação") àquilo que me é dado a cada instante na memória, na expectativa e na percepção imediata. Através desses métodos, os enunciados da linguagem permanecem ancorados no campo fenomênico. É sobre os fenômenos que falamos o tempo todo, e é apenas sobre eles que podemos falar. As hipóteses são simplesmente artifícios para organizar o campo fenomênico de modo econômico e prático em nossas trocas linguísticas. Tudo se passa como se eu falasse sobre uma mesa compartilhada, posta numa sala onde podem estar muitas outras pessoas além de mim, mas, de um ponto de vista lógico, eu estivesse falando o tempo todo sobre a "minha" impressão da mesa, sobre a "minha" impressão da sala, sobre o "meu" mundo, usando técnicas de abreviação que nos permitem compartilhar a mesma linguagem.

4. UM VERIFICACIONISMO FENOMENALISTA

Muitas vezes, a filosofia de Wittgenstein exposta nas *Observações filosóficas* e nas conversações com o Círculo de Viena é chamada de "verificacionista" em função da adoção de uma suposta concepção do sentido da proposição como o seu *método de verificação*. A denominação é a um só tempo justa e inexata. Digamos primeiro por que é inexata.

A mera enunciação do princípio verificacionista deixa de lado distinções importantes. É preciso lembrar que "verificação" pode significar coisas muito diferentes em diferentes contextos. Na matemática, onde a verificação é dada por uma prova, o princípio me impede de reconhecer sentido num enunciado cuja verdade ou falsidade não saibamos como provar. Possivelmente me obriga, além disso, a reconhecer diferentes sentidos quando possuímos diferentes métodos de prova para o mesmo enunciado. Se passamos para o plano do mundo físico, temos métodos de verificação tão diferentes entre si quanto dois métodos podem ser. Compare, por exemplo, a verificação de um enunciado a respeito da evolução das espécies com a verificação da previsão do tempo para hoje (primeiro, no lugar onde moro; depois, no outro lado do planeta). Finalmente, considere a verificação de proposições referentes ao universo fenomênico, como "Há um círculo vermelho em meu campo visual". Qual seria o "método" para verificar proposições desse tipo? Não temos que fazer medidas, nem observações repetidas, não temos que ir a lugar algum, nem usar algum tipo de instrumento. Não há diferentes métodos envolvendo diferentes instrumentos, diferentes ações e diferentes graus de precisão. Temos que simplesmente constatar, por inspeção direta, se há ou não um círculo vermelho em meu campo visual. Não me interessa saber se essa mancha é produzida por um cartão colado na parede ou por uma alucinação. A verdade ou falsidade desse tipo de sentença é decidida (e definitivamente decidida) pela simples constatação de uma presença fenomênica. Isso tem uma consequência importante. Quando digo que estou vendo uma mancha desse tipo, o sentido que a sentença tem para mim é diferente do sentido que minha fala tem para qualquer outra pessoa. Quem me ouve falar terá que verificar a sentença de outro modo (examinando, por exemplo, que tipo de substância eu ingeri e, eventualmente, considerando que tipo de alucinação ela pode causar). Entende, por isso, a proposição num outro sentido.

Existe ainda uma segunda inexatidão contida no uso do termo "verificacionismo" para caracterizar a filosofia de Wittgenstein nesse período. Poucas vezes se nota que essa caracterização é metonímica, e toma a parte pelo todo. Quando escreve as *Observações filosóficas*, Wittgenstein está consciente do fato de que há inúmeras proposições de nossa linguagem cujo sentido não é dado por um método de verificação. É perceptível, porém, a esperança de que o sentido possa ser dado por algo análogo a isso. O sentido de uma pergunta seria dado pelo método que tenho para respondê-la, por exemplo. O sentido de uma ordem, pelo método para decidir se ela foi obedecida ou não. E assim por diante. Isso quer dizer duas coisas muito simples. Primeiro, se eu fizer uma pergunta e não for possível dizer de que modo ela poderia ser respondida (consultando uma enciclopédia, verificando se deixei a chave na gaveta, tentando me lembrar de onde pus a chave quando cheguei em casa etc.), então a pergunta não tem sentido. Segundo, ao enunciar o método que eu poderia usar para respondê-la (consultar a Bíblia ou um oráculo, por exemplo), estou especificando parte do sentido em que entendo a pergunta que fiz ou que me foi feita, e é apenas nesse sentido que a pergunta deve ser tomada. Quem pergunta se o Pai, o Filho e o Espírito Santo são três pessoas de um único Deus e estabelece que o método para responder a essa questão é consultar o que a Bíblia diz a respeito não está fazendo uma pergunta sem sentido. Mas o sentido dessa questão, por outro lado, não vai além do método que adotei para respondê-la. Quando perguntei, expressei o desejo de saber o que a Bíblia diz a esse respeito, e nada mais.[15] O mesmo vale, mutatis mutandis, para um comando ("Fique exatamente aí"): seu sentido seria dado pelo método que adoto para decidir se ele foi obedecido ou não. E o mesmo valeria para outros tipos de atos de fala, em que o que estaria em jogo seria sempre um método para *verificar* algum tipo de adequação do que foi dito àquilo

15. Neste ponto, naturalmente, deveríamos falar sobre os métodos que estamos dispostos a utilizar para responder o que a Bíblia diz a esse respeito. Não é necessário que haja um colapso semântico, desde que exista *algum* método.

que acontece no mundo. A adequação ao mundo, seja de que tipo for, nunca viria desacompanhada de um método para verificar essa adequação. É esse o sentido mais geral (e mais exato) do mote verificacionista, tal como usado por Wittgenstein nas *Observações filosóficas* e nos textos que produz na mesma época.

Feitas todas essas qualificações, porém, é preciso admitir que o rótulo é bastante justo e, nesse sentido, "exato". Vai diretamente ao ponto. O que marca a passagem do *Tractatus* para a fase madura de sua filosofia é o abandono da semântica das condições de verdade, e esse abandono é, sim, determinado pela constatação de que o resultado de medições não pode ser descrito por meio de funções de verdade de "proposições elementares" compostas de "nomes" cujo "significado" seria um objeto logicamente simples. Não é mais possível construir o universo do sentido a partir das ações atemporais de nomear e negar executadas por um sujeito transcendental. Como já ficou dito, quem constrói sentidos, agora, é um carpinteiro medindo tábuas com uma régua num tempo e num lugar determinados e verificando se os fenômenos que observa são idênticos aos que esperava observar.

5. PENSAMENTO E CONDIÇÕES DE VERDADE

Estamos tão acostumados a ver a expressão "condições de verdade" ser usada de modo ligeiro nos manuais universitários de lógica que nos esquecemos do peso que a expressão tinha na boca de filósofos como Frege, Russell e Wittgenstein. Quem fala em condições de verdade deve estar preparado para dizer o que são essas condições no caso de uma proposição falsa. Uma condição de verdade (por oposição a um método de verificação) não pode ser o fato que torna a proposição verdadeira, pois proposições falsas também seriam verdadeiras em "outras situações" (ou em outros "mundos possíveis"). Mas, se não é um fato, é o quê? No *Tractatus*, Wittgenstein dizia que a proposição elementar *mostra* suas condições de verdade pondo-nos diante de uma "imagem lógica" daquilo que a proposição elementar afirma acontecer. A negação inverte essas condições, fazendo a proposição elementar mostrar uma imagem lógica daquilo que ela afirma *não* acontecer (mais ou menos como uma placa proibindo a ultrapassagem mostra uma imagem daquilo que é *proibido* fazer usando um traço diagonal que não corresponde a nada na situação de trânsito). Mas nada disso é dito, no *Tractatus*, de modo inconsequente. Wittgenstein está consciente do preço lógico que isso tem, e paga o preço cheio.

O preço a ser pago, nesse caso, chama-se "espaço lógico". Para que seja possível falar inequivocamente em "condições de verdade" sem exigir que essas condições de verdade se identifiquem a fatos e sem fechar a porta, com isso, à possibilidade de uma proposição ser falsa, Wittgenstein postula a existência de um domínio de objetos parcialmente semelhantes aos objetos da hierarquia básica dos tipos de Russell, na medida em que fornecem uma resposta à questão "O que é o significado de um nome?". Russell diria: o significado de um nome (no sentido lógico do termo) é um objeto indescritível, disponível de antemão para que as variáveis da linguagem possam se referir a ele sem depender da verdade de nenhuma descrição. Toda e qualquer descrição deve ser feita a partir de proposições compostas exclusivamente de nomes e variáveis que se refiram a esses objetos indescritíveis. Com isso, Wittgenstein estava de pleno acordo. Se nomes tiverem um conteúdo descritivo, a existência daquilo que eles designam ficará dependente da verdade de proposições que precisarão já ter disponível esse nome (cujo sentido está sub judice) para serem articuladas. Mas Russell dá um passo além. Para evitar que a quantificação traga paradoxos para o seio da lógica, ele a submete a regras sintáticas arbitrárias que acabam impondo essa ordem arbitrária à realidade. Estamos falando aqui da teoria dos tipos dos *Principia Mathematica*, que Wittgenstein acusa de ser uma ontologia ad hoc, modelada na gramática superficial dos enunciados da linguagem cotidiana.[16]

Russell havia inventado uma ontologia, e uma ontologia não se inventa. Ela só pode ser o produto de uma descoberta, ao final de um paciente trabalho de "análise lógica dos fenômenos". A totalidade dos objetos mais a totalidade das possibilidades de combinação dos objetos entre si constituem o "espaço lógico" — o único "lugar" no interior do qual um mundo possível pode acontecer ou não acontecer. Os nomes e as regras para combinação de nomes da linguagem decalcam sintaticamente essa ordem ontológica total na forma de uma totalidade de proposições elementares, cada uma das quais é uma imagem lógica do estado de coisas que ela afirma acontecer.

A combinatória total dos objetos constitui o espaço dos mundos possíveis e um Pensamento é a "proposição com sentido" pensada de modo completamente abstrato, sem referência a nenhum sistema arbitrário de sinais. O Pensamento é, assim, o campo de todas as funções de verdade de proposições elementares que dividam a totalidade dos mundos possíveis em duas partes: os mundos nos quais o Pensamento expresso pela função de verdade é verdadeiro e os mundos nos quais ele é falso.

16. Cf. "Some Remarks on Logical Form" (op. cit., p. 163): "Frequentemente, vemo-nos tentados a perguntar de um ponto de vista a priori: Afinal de contas, quais são as únicas formas *possíveis* das proposições atômicas? e responder, p. ex., proposições do tipo sujeito-predicado, proposições relacionais com dois ou mais termos e, além disso, talvez, proposições que relacionam predicados e relações entre si, e assim por diante". Tradução própria.

O Pensamento é o espaço de variação possível das representações proposicionais.[17] Só é possível falar em "imagens lógicas" (por oposição a representações espaciais ou figuras imaginadas) se postularmos a existência de um campo total do sentido, de tal modo que a cada Pensamento corresponda exatamente um fato possível e a cada fato possível corresponda exatamente um Pensamento.[18] O Pensamento verdadeiro, desse ponto de vista, é uma espécie de "sombra lógica" de um fato, mas não porque seja "projetado" pelo fato. O fato, quando ocorre, torna verdadeiro o Pensamento que o descreve, mas o Pensamento não depende da ocorrência do fato para representá-lo. Ele *mostra* o fato representado em sua própria composição interna, pois seus componentes são representantes diretos (isto é, nomes) dos componentes últimos do fato (os objetos) e esses componentes incorporam exatamente a mesma "ordem categorial", as mesmas "possibilidades e impossibilidades combinatórias", dos componentes últimos dos fatos. O que é impossível unir no mundo é impossível unir no Pensamento, e vice-versa. Se posso unir no Pensamento, então a união correspondente pode acontecer no mundo. O Pensamento é incapaz de antecipar um fato, mas antecipa a possibilidade de qualquer fato.

Isso sai de circulação quando o sentido de uma proposição (com todas as ressalvas já feitas) é identificado a seu método de

17. A tautologia e a contradição são proposições bem formadas pelas regras da sintaxe lógica e, nessa medida, não são contrassensos. Mas elas não têm sentido, não dividem o espaço lógico em dois. Nessa medida, não são *representações* proposicionais. Não são Pensamentos. Cf. *Tractatus*, aforismo 4, levando em conta a distinção entre *sinnlos* (e seu oposto, *sinnvoll*) e *Unsinn* estabelecida em 4.4611.

18. Sentenças logicamente equivalentes, desse ponto de vista, expressam exatamente o mesmo Pensamento. Isso é mostrado de maneira completamente perspícua quando concebemos as tabelas de verdade como uma notação. Torna-se *logicamente impossível*, nessa notação, expressar a mesma proposição com duas tabelas.

verificação. O que tenho, de antemão, não é uma ordem combinatória atemporalmente dada e pronta para ser decalcada pela sintaxe, mas uma *técnica* (na verdade, inúmeras técnicas) de comparação que temos que aprender, ao aprendermos a falar, exatamente como aprendemos a andar, a cozinhar, a dar saltos ornamentais ou a improvisar no piano. Além disso, o sentido sentencial não é mais determinado pelo significado das partes. Não "montamos" o sentido a partir de peças mínimas, como se a linguagem fosse um jogo de Lego mais sofisticado. Aprendemos o sentido sentencial aprendendo a usar a sentença nos contextos adequados. Posso aprender a usar a expressão "muito obrigado", por exemplo, mesmo sem ter aprendido a usar suas palavras componentes em qualquer outro contexto. Não basta, por outro lado, ter aprendido a usar noutros contextos as palavras componentes da sentença "há infinitos planetas no universo" para poder usá-la significativamente como uma descrição, isto é, para poder submetê-la ao tribunal da verdade ou da falsidade. Alguém poderia me perguntar em que situação eu estaria disposto a tomar a sentença como verdadeira, fazendo-me ver, talvez, que eu não queria dizer exatamente aquilo, ou que não sei dizer exatamente o que eu queria dizer com aquilo.

Sem o pressuposto de que o sentido de um Pensamento seja determinado pela composição de elementos que fazem as vezes, no Pensamento, dos elementos do fato que está sendo pensado, cai o pilar de toda a teoria tractariana da representação: a ideia de que palavras designam coisas e de que a coisa designada é o significado da palavra. É desse pilar que a estabilidade de todo o edifício tractariano depende, pois é nele que se assenta a possibilidade de representar o que não está presente, o que não ocorre, o que não existe. É graças a ele que podemos dispensar a postulação da existência daquilo em que pensamos, pois o Pensamento apenas "monta" o que poderia existir a partir de uma referência a objetos simples, que não admitem nenhuma espécie de complexidade interna e cuja existência é necessária para que possa existir qualquer concatenação.

O último vestígio dos Pensamentos tractarianos em 1930 aparece, ou transparece (mais entrevisto no espírito do texto do que em sua letra), na análise daquelas proposições em que a verificação cabal e inequívoca parece ser possível: as que supostamente descrevem vivências fenomênicas. As *Observações filosóficas* começam com uma declaração programática de que Wittgenstein já não considera possível nem necessária a formulação ou a caracterização de uma "linguagem fenomenológica", ou seja, de uma linguagem que tivesse exatamente a mesma estrutura lógica do fenômeno.[19] Não existe mais isomorfismo possível — no sentido de uma correspondência ponto a ponto — entre linguagem e mundo fenomênico.[20] Apesar disso, ainda sobrevive a ideia de uma "inspeção imediata" como o método de verificação das afirmações fenomênicas e também a ideia de que, em última instância, é sempre do fenômeno que estamos falando, não da mesa.

Isso cria um equilíbrio instável, com uma nítida inclinação para o lado físico. Se não há isomorfismo garantindo o sentido, então as "concatenações linguísticas" com as quais descrevemos os fenômenos obedecem a regras arbitrárias nascidas no espaço público em que aprendemos a usar as palavras, mas também a medir mesas, contar maçãs num saco, comparar a

19. Cf. *Observações filosóficas*, §1.

20. O argumento de Wittgenstein, nesse ponto, é que qualquer linguagem pressupõe, no mínimo, a identificação de tokens no tempo físico. Não chamaríamos algo de linguagem se, a cada instante, estivéssemos diante de um sinal "irrepetível". Ora, é exatamente essa "irrepetibilidade", esse "trancamento no presente fenomênico" que caracteriza o fenômeno. Esse me parece ser o sentido do experimento de pensamento apresentado no §67 das *Observações filosóficas*.

cor de uma tinta com a cor de uma amostra, ou simplesmente atender ao pedido de ir até o jardim e colher uma flor vermelha.

6. O FENÔMENO DEVOLVIDO AO JARDIM

Estamos, já nas *Observações filosóficas*, a um passo do *Livro azul*, que começa exatamente perguntando *o que é* o significado de uma palavra e nos aconselhando a, em vez disso, perguntar primeiro *com o que se parece*, de que modo acontece na prática a explicação (ou, correlatamente, o aprendizado) do significado de uma palavra. Em vez de procurar por "algo" que *seja* o "significado" de palavras como "maçã", "vermelho" e "5", devemos nos perguntar como é que o significado dessas palavras pode ser ensinado a uma criança que não sabe falar ou a um adulto que ainda não fala nossa língua. O que chamaríamos de "processo de aprendizagem de uma palavra"? Que critérios utilizamos, na vida cotidiana, para dizer que uma criança "já aprendeu" a usar certas palavras? Isso desvia nossa atenção da "coisa" a que as palavras "5",[21] "vermelho"[22] e "maçã"[23] se referem. Somos convidados, em vez disso, a imaginar uma criança aprendendo a usar determinados sons para fazer determinadas coisas.

A maior parte do *Livro azul* será dedicada à denúncia dos estados e processos mentais usados como chave para o entendimento da natureza do sentido proposicional. Essa denúncia,

21. Um objeto lógico? Uma ideia abstrata em minha mente? Um simples rabisco? "5" e "V" são nomes da mesma coisa?

22. Uma coisa, como a maçã? Uma coisa de outro tipo? De que tipo? Uma ideia abstrata em minha mente? O que o vermelho-claro e o vermelho-escuro têm em comum?

23. Esta maçã? Aquela? Qualquer maçã que já tenha existido ou que venha a existir? Qualquer maçã imaginável?

porém, é feita por alguém que já não se vê obrigado a pagar os preços exorbitantes das condições de verdade, da composicionalidade e do isomorfismo, todos vendidos no mesmo combo. Perguntar pelo significado de uma palavra não é mais perguntar pelos elementos últimos constitutivos do sentido, dotados de possibilidades combinatórias isomórficas aos constituintes últimos de um fato que, se ocorrer, "torna" verdadeiro o Pensamento que o descreve. Já nem sequer existem Pensamentos com inicial maiúscula. No máximo, fatos e estados tão cotidianos quanto uma dor de dente, cuja expressão linguística tem uma gramática peculiar, sem dúvida, mas que não está mais ancorada numa suposta "essência do mundo" e apenas reflete usos e costumes que desenvolvemos ao longo da história humana.

Por isso o desvio proposto logo no início do *Livro azul* tem uma enorme importância estratégica. Quando, após perguntar "O que é o significado de uma palavra?", Wittgenstein sugere que "ataquemos essa questão perguntando, antes, o que é uma explicação do significado de uma palavra", ele não está fugindo do assunto. Está evitando a todo custo um modo desencaminhador de abordá-lo. Quando perguntamos por "algo" que "seja" "o" significado de uma palavra, nós nos colocamos desde o início no caminho que leva ao *Tractatus* e a seus impasses. Se dermos início à busca, seremos logo confrontados com palavras muito diferentes entre si, como "maçã", "vermelho" e "5", e vamos fazer perguntas muito naturais para quem busca o significado dessa forma.

A mudança de foco proposta por Wittgenstein pode ser libertadora. Examinar como o sinal "5" é usado (por matemáticos, físicos, comerciantes, todos nós) e aprendido (por estudantes de matemática superior, alunos do ensino básico, crianças que estão aprendendo a falar) significa voltar nossa atenção para a inserção concreta desse sinal no interior de nossa vida em atividades tão simples quanto contar os tijolos de uma pilha ou as notas de uma frase melódica. No lugar da busca por um objeto lógico ou de operações lógicas sofisticadas se escondendo por trás dos sinais de nossa linguagem, somos devolvidos ao solo firme das atividades cotidianas em que esses sinais são usados e dentro das quais eles ganham vida. Nessas atividades, a aritmética continua sendo um *cálculo*, mas agora num sentido ampliado, pois esse cálculo não envolve apenas a manipulação de sinais. Envolve toda a situação prática em que os sinais são utilizados. Ela é um *jogo*, como o xadrez, mas não envolve apenas a manipulação das peças sobre um tabuleiro. A aritmética é um cálculo envolvendo sinais, mas esses sinais estão envolvidos, por sua vez, em jogos muito mais abrangentes envolvendo contagens e medições de diversos tipos.

Esse é o sentido da metáfora do "cálculo" que Wittgenstein passa a usar a partir daí. Não apenas a aritmética, mas toda a linguagem pode ser vista como um enorme cálculo.[24] Ao con-

24. O professor Giovane Rodrigues me lembra (com razão) que minha interpretação, neste ponto, diverge da apresentada pela maioria dos comentadores, entre eles Rush Rhees, que escreveu uma excelente introdução à edição inglesa do *Livro azul*. Costuma-se ver no uso de expressões como "cálculo" e "notação" um resquício da visão tractariana da linguagem. Com oscilações, a linguagem continuaria sendo vista como um jogo dotado de regras rígidas e fixas — se não completamente rígidas, ao menos fixas, e se não completamente fixas, ao menos rígidas. A meu ver, o desafio que se apresenta a quem interpreta assim a filosofia apresentada no *Livro azul* não é apenas mostrar quais são as regras fixas e rígidas seguidas, por exemplo, por quem colhe uma flor vermelha no jardim, mas acima de tudo se ajustar à evidência de que, do ponto de vista dessa nova filosofia, uma ação como essa sequer exigiria a intervenção de regras de qualquer tipo. Uma regra, no *Livro azul*, não é uma abstração mental ou de outro tipo, mas algo bastante concreto, como uma tabela, ou uma justificação dada por alguém, numa situação determinada, em alto e bom som. Ora, tabelas e justificações nada fazem fora das práticas regradas nas quais se inserem. É preciso que saibamos usar corretamente a tabela e entender corretamente a justificação, mas isso só pode ser feito, em última instância, sem o uso de tabela alguma, de justificação alguma. Esse é o sentido, a meu ver, das observações sobre a tabela de flechas que nos ensina a usar a tabela de cores (p. [54]).

trário do que ele próprio pensava no *Tractatus*, porém, a linguagem não é um cálculo com regras fixas, dadas de uma vez por todas, subjacentes à dispersão das línguas e das situações de uso. É um cálculo tão mutável quanto os grupos humanos em que ele se insere, vinculado a atividades tão próximas, mas ao mesmo tempo tão distantes quanto verificar se faltam ovelhas num rebanho, calcular a data da próxima lua cheia, pesar um peixe, medir a área de um terreno, o volume de uma caixa d'água ou quanto tempo levará uma viagem da Terra à Lua. A contagem dos rebanhos e a medição dos terrenos não estão "latentes" nas linguagens que não têm sistemas numéricos, esperando por uma espécie de "descoberta". São invenções humanas que, numa época bem recente, foram associadas à invenção de sistemas numéricos posicionais, suscetíveis a manipulações análogas às que faríamos num ábaco. Esses sistemas posicionais permitem calcular o resultado de contagens e medições "sobre o papel", sem ajuda de instrumentos auxiliares. Não há nenhum objeto designado por sinais como "5" ou "√2", nenhum "algo" que "seja" "o" significado desses sinais. Existem apenas técnicas de contar e de medir inventadas por nós num tempo e lugar determinados e que, muito tempo depois, foram associadas por nós à manipulação de sinais sobre o papel.

Do mesmo modo que o bispo no jogo de xadrez não é essa peça física posta sobre o tabuleiro (feita de madeira, medindo aproximadamente sete centímetros, com um leve defeito devido ao uso), mas o lugar normativo dessa peça no interior do jogo, a palavra "5" não é uma forma gráfica, mas o lugar normativo que ela ocupa nos diversos cálculos a que foi sendo incorporada. A mesma rodela de madeira que usamos para jogar damas pode ser usada para jogar trilha, mas, quando o jogo muda, a peça muda completamente. O mesmo acontece com os sinais numéricos e os jogos de que eles podem fazer parte. A identidade dos sinais é dada por esses jogos e pela normatividade que os constitui tanto no âmbito mais restrito do cálculo numérico "puro" quanto nas atividades humanas em que esse cálculo nasceu e sem as quais ele seria no máximo um passatempo em tudo semelhante à trilha ou ao xadrez.

7. A ANTERIORIDADE LÓGICA DO ATO

Nossa tentação, neste ponto, é dizer que o bispo é constituído pelas regras que governam o seu uso no xadrez — visando, é claro, a uma transposição do mesmo raciocínio para as palavras de nossa linguagem num segundo momento. Há muita verdade nisso, sem dúvida, mas há também uma pitada de engano, e grande parte do alcance e da profundidade da filosofia de Wittgenstein nasce da percepção desse engano. Pois o que são essas regras? Onde elas estão? De onde e de que modo elas "governam" nosso uso das peças de um jogo, dos sinais de um cálculo, das palavras da linguagem, dando a todas essas unidades normativas o significado que elas têm? O *Livro azul* dá a essa pergunta a resposta que irá organizar toda a filosofia de Wittgenstein na vida madura. Se quiséssemos pôr essa resposta numa fórmula, poderíamos dizer: "As regras *não precisam* estar presentes em nenhuma atividade regrada. Elas *podem* estar efetivamente presentes em muitas delas, mas seria *impossível* que fizessem parte de todas, pois a própria expressão da regra é parte de uma atividade regrada". Examinemos o sentido dessa fórmula.

Não é necessário, primeiro, que atividades regradas envolvam uma explicitação das regras utilizadas. O livro com as regras do xadrez não precisa estar ao lado de quem joga. As regras nem sequer precisam ser lembradas ou mencionadas por quem está jogando, ou por quem assiste ao jogo. O mesmo acontece com a linguagem. Falar ou escrever em português é, sem dúvida, uma ação regrada, mas isso quer dizer apenas que, ao fazê-lo, estou realizando uma atividade *passível* de avaliação, que sou *sensível* a essas avaliações e sou também *capaz* de avaliá-las. Não quer dizer que essas avaliações sejam feitas em todas as ocasiões, muito menos que eu sempre avalie as avaliações a que fui submetido. Regras e avaliações só podem ser expressas no interior de uma atividade normativa e, para isso, é necessário que, em algum momento, essa atividade seja simplesmente exercida sem que as regras sejam explicitadas. Na absoluta maioria dos casos, elas não são.

Essa constatação, porém, pode dar origem a uma postulação muito mais perigosa filosoficamente, pois mais insidiosa e ramificada. Da constatação de que as regras não estão presentes de maneira usual e da necessidade de postular que elas devem estar presentes "de algum modo", pode surgir a ideia de que as regras estejam em minha "cabeça", sem que eu possa percebê-las. Se não houver regras presentes em meu cérebro (de um modo que ainda não sabemos muito bem qual é), então deve haver regras presentes (inconscientemente, talvez, ou de algum modo ainda mais sutil) em minha mente. A verdade, porém, é que nenhuma dessas duas postulações faz qualquer sentido e, mesmo que fizesse, conseguiria apenas repor, num outro plano, o problema inexistente que estamos tentando resolver. Senão vejamos.

O que existe em meu cérebro é aquilo que cirurgias, microscópios e aparelhos são capazes de mostrar. A afirmação de que eu ou alguma outra pessoa encontrou uma regra em meu cérebro seria tão carente de sentido quanto a afirmação de que o 5 vendeu duas dúzias de vermelho à raiz de 2. Números não falam, cores não podem ser vendidas e regras não "estão" no cérebro, nem em lugar nenhum. No máximo, o que poderíamos encontrar dentro do cérebro é um mecanismo qualquer associado à fala — um mecanismo que, se estiver danificado, pode fazer com que a pessoa não seja capaz de falar, ou de aprender a falar. É perfeitamente razoável pensar que, um dia, seremos capazes de descrever mecanismos cerebrais desse tipo com uma riqueza de detalhes de que hoje não dispomos. Não faz sentido, porém, afirmar que qualquer mecanismo "seja" uma regra, pois mecanismos não podem ser obedecidos (ou desobedecidos). Isoladamente, mecanismos não têm (nem podem ter) uma dimensão deôntica, da ordem do que é permitido ou proibido. Eles podem ser associados causalmente a uma ação regrada por uma teoria, mas, sozinhos, não podem determinar se essa ação foi correta ou incorreta segundo tais e tais critérios. "Não podem", aqui, tem um sentido lógico, não empírico. Um relógio atrasado ou parado não é sensível a críticas, nem está seguindo ou deixando de seguir qualquer regra. Ele pode, isto sim, não ser adequado ao desempenho de certas funções em nossas vidas, mas nada, nele mesmo, poderia ser certo, errado, nem ser verdadeiro ou falso. Simplesmente não faz sentido "avaliar um cérebro" assim. Afirmar que um estado cerebral é verdadeiro ou falso é cometer um erro gramatical semelhante àquele de quem culpa uma pedra por estar no seu caminho.

8. DIZER E QUERER DIZER

"Bem, se a regra não está no cérebro, talvez esteja na mente", alguém poderia dizer. Quem ouve ou fala uma linguagem entendendo aquilo que é dito tem vivências características que podemos chamar de "entender" o que ouve e "querer dizer" o que diz. Podemos treinar uma pessoa a falar como papagaio, repetindo sentenças chinesas que ela não tem a menor ideia do que significam. Por mais perfeita que seja sua pronúncia, ela não está querendo dizer nada com aqueles sons, muito embora quem a ouça (se souber chinês) possa entender tudo o que ela diz. Nesse ponto, somos tentados a pensar que algo acontece na mente de quem ouve, mas não acontece na mente de quem pronuncia sons que não entende. A diferença estaria no fato de a primeira pessoa ser capaz de fazer os processos físicos que chamamos de "audição" e "pronúncia" serem acompanhados por processos mentais que chamamos de "entender" e "querer dizer". Haveria uma "banda física" da linguagem,[25] por assim dizer, que só se torna significativa se for acompanhada por uma "banda mental" paralela. Essa banda mental funcionaria como uma "interpretação" da banda física, "querendo dizer" ou "entendendo" isto ou aquilo.

Ora, se as coisas fossem assim, deveria ser possível querer dizer algo sem dizer coisa alguma (mais ou menos no mesmo sentido em que seria possível ver apenas as imagens de um filme sem ouvir a banda sonora). "Tente", diria Wittgenstein. Tente querer dizer que está fazendo frio sem dizer nada (nem em voz alta, nem mentalmente, nem em português, nem em nenhuma outra língua). Tente dizer "o dia está lindo hoje" querendo dizer que 5 + 7 = 12. O convite, note-se bem, é gramatical, não psicológico. Wittgenstein não está nos convidando a um esforço mental muito grande. Está nos desafiando a fazer algo que seria legítimo *descrever* como a tentativa de dizer "o dia está lindo hoje" querendo dizer que 5 + 7 = 12. O que se espera não é que você, que lê o livro, conclua que isso é tão "difícil" quanto imaginar uma mandala. O autor espera que você perceba que o convite que ele fez não faz sentido algum. Não é "difícil" querer dizer que 5 + 7 = 12 sem dizer absolutamente

25. No sentido em que falamos da "banda sonora" de uma película cinematográfica.

nada. É literalmente *impossível*. Quem alega que faz uma coisa assim, ou faz algo que nada tem a ver com um processo paralelo aos sons da linguagem capaz de dotar esses sons de sentido, ou simplesmente não usa as sentenças do português como todos nós usamos.

Nada disso depõe contra a possibilidade de usarmos um código secreto. Posso dizer que 5 vendeu duas dúzias de vermelho à raiz de 2 querendo dizer que o traficante de codinome "5" vendeu duas dúzias de pílulas vermelhas ao usuário identificado como "raiz de 2". Quem usa esse código quer dizer uma outra coisa, mas essa outra coisa é uma sentença com sentido, e não um sentido sem sentença. A mesma coisa acontece com alguém que ainda não fala muito bem outro idioma e, enquanto fala, tem que pensar em português. O que passa pela cabeça dessa pessoa é uma sentença do português, e não um sentido fantasmagórico, capaz de interpretar aquela sentença, mas que nenhuma sentença seria capaz de interpretar.

Do mesmo modo, é perfeitamente possível querer dizer algo e não dizer nada, mas isso acontece quando estou com medo, com vergonha ou com preguiça. Não há nada de misterioso aí. O que eu quis dizer pode ser dito e, se for dito, não estará por trás nem por baixo do que foi dito: estará naquilo que eu disser, com as palavras que eu disser, na ocasião em que eu disser. Todos poderão ouvir sem precisar ter uma espécie de alucinação com um sentido dado numa linguagem edênica, pura, anterior a todas as convenções humanas, sem a qual as convenções e linguagens humanas seriam impossíveis. O convite para querer dizer que 5 + 7 = 12 sem dizer coisa alguma é, como ficou dito anteriormente, um desafio lógico. Tente trazer à superfície qualquer coisa que você *chamaria* de "querer dizer algo sem dizer". Se o que você trouxer puder ser chamado assim, então o que você trouxe certamente não será aquilo que você esperava encontrar. É possível procurar uma agulha no palheiro, mas não uma regra flutuando no espaço ou uma sentença anterior a qualquer linguagem.

9. UMA FILOSOFIA EDIFICANTE

Tudo o que Wittgenstein escreve a partir do *Livro azul* passa a exigir um outro tipo de leitor. Não há nada a ser dito sobre um problema filosófico vinculado de um modo ou de outro a essa busca de um sentido subjacente a toda e qualquer linguagem e capaz, por isso, de fundamentar os usos e costumes linguísticos humanos. A busca por esse sentido não tem sentido. A descrição dessa busca não tem sentido e, por isso, não há caminhos descritivos que possam me mostrar a necessidade de abandoná-la. O que posso fazer, como filósofo, é descrever regras que aceitamos, e também regras que não aceitamos, mas não posso esperar que a descrição dessas regras elimine o problema original à força de argumentos, pois o problema original simplesmente não existe. Ele só parece existir porque as sentenças que o filósofo utiliza, quando fazem sentido, jamais expressam aquilo que o filósofo queria dizer, mas ainda não disse. De certo modo, o leitor tem que ser levado a refazer a pergunta do filósofo, percebendo, a partir de um certo ponto, que suas tentativas de resposta não estão propriamente erradas, mas são ridículas. Minha visão não está um pouco atrás do meu olho. Para colher uma flor vermelha, não preciso ter alucinações. Da mesma forma, não há nada por trás da boca de quem fala, a não ser uma garganta. Em geral, só haverá algo em sua mente se ele não falar bem a língua, ou estiver com vergonha, ou com medo. Nesse caso, é bem provável que ele comece a gaguejar. Quando eu falo, penso com a boca. Essa afirmação parece simplória, mas é simplesmente tautológica. Ela quer dizer que não é logicamente necessário que eu tenha qualquer coisa pairando em minha mente enquanto falo, e isso não é uma constatação empírica ou metafísica, mas uma regra da linguagem que todos nós seguimos. "Ele fala inglês fluentemente" quer dizer apenas "ele não engasga enquanto fala". Não gagueja. Pensa com a boca. Simplesmente fala.

Como convencer alguém de uma tautologia? Como falar a um leitor quando tudo o que você tem a dizer são afirmações que devem ser aceitas pelo simples fato de estarem sendo entendidas? Acima de tudo, como articular uma filosofia que pretende resolver os problemas filosóficos mostrando que as perguntas subjacentes a eles não têm sentido sem pressupor um limite fixo entre o que tem e o que não tem sentido?

O *Tractatus* pede ao leitor que, após compreender a pessoa — quase diríamos, "o lugar de fala" — de seu autor, deixe a obra para trás, da mesma forma que devemos deixar para trás uma escada quando nossa intenção é ultrapassar o muro. O *Livro azul* não nos pede nada disso. Pelo contrário. Ele é um vade mecum. Não foi feito para ser jogado fora, mas para ser usado repetidamente ao longo da vida, do mesmo modo que usamos um livro de receitas, um manual de ginástica ou um guia de viagem. Como tudo o que Wittgenstein escreverá a partir daí, ele não pretende dizer algo, mas *fazer* algo, produzir um determinado *efeito* sobre o leitor. Num sentido importante, este é um livro de autoajuda. Pretende ajudar quem o lê a se livrar de um incômodo modificando seu comportamento, deixando de lado atitudes neuroticamente repetitivas que nos reconduzem sempre aos mesmos impasses e causam um sofrimento inútil.

Para que o leitor possa ser modificado pelo livro, ele deve se exercitar. Não há outro caminho. Wittgenstein está propondo exercícios o tempo todo. O leitor deve fazê-los. Se topar com um convite do tipo "tente querer dizer que está chovendo, mas sem dizer nada", aceite-o. Tente fazer o que lhe foi proposto e *veja* (pois não haverá saída se você não for capaz de ver) que, se você fez alguma coisa, o que você fez *não poderia* ser (seria logicamente impossível que fosse) aquilo que você queria (ou que você pensava ser logicamente possível querer) ter feito. A convite do texto, ou por conta própria, tente outras vezes. Se o exercício for bem-feito, mais cedo ou mais tarde você irá desistir, não por reconhecer sua impotência diante da magnitude da tarefa, mas por perceber que não havia nada — literalmente nada — que pudesse ser feito, nada que fosse logicamente possível fazer.

Toda a filosofia madura de Wittgenstein está aí, pois toda essa filosofia é feita desse exercício que está proposto aí, nesse precioso documento de transição produzido a partir de uma atitude que só hoje conseguimos avaliar melhor. Assim como temos o atestado de óbito do *Tractatus*,[26] temos também a certidão de nascimento das *Investigações filosóficas*. É aqui que nasce essa filosofia, e nasce inteira, na medida em que *pode* se apresentar inteira. Pois, é sempre bom lembrar, ela não é uma doutrina, mas um *método* terapêutico voltado para a libertação de um leitor que se viu trancado num uso repetitivo das palavras descolado das práticas regradas no seio das quais essas palavras entraram e permanecem em nossas vidas.

Desenvolver uma filosofia que não é mais uma doutrina, mas um *método*, é uma empreitada que traz desafios completamente novos. O filósofo-terapeuta não é um proponente de verdades, mas alguém dotado de uma habilidade técnica característica, que se expressa na capacidade de construir situações linguísticas imaginárias — jogos de linguagem — capazes de dissolver problemas e questões que pareciam prementes e que, quando

26. Refiro-me ao artigo sobre a forma lógica, de 1929.

comparadas às situações propostas pelos jogos, acabam dissolvidas, mais do que resolvidas, e reduzidas ao ridículo, mais do que ao absurdo. O núcleo dos "sintomas" a serem tratados nos dezoito anos e nas milhares de páginas seguintes, bem como as técnicas terapêuticas que serão utilizadas, estão claramente presentes no *Livro azul*. Esse núcleo de sintomas é dado, segundo Wittgenstein, por uma ideia equivocada do que vem a ser o significado de uma palavra e por uma falsa concepção a respeito de como a linguagem se constitui a partir da articulação de significados parciais. Examinando o modo como aprendemos a falar e o modo como usamos as palavras na vida cotidiana deixamos de sentir a necessidade premente de encontrar essências por trás de palavras como "5", "maçã" e "vermelho", ou de encontrar o "espaço lógico" no qual essas essências estão latentes, à espera de uma expressão. Deixamos de buscar um espaço lógico-categorial compartilhado por qualquer linguagem e qualquer mundo que qualquer linguagem pretenda descrever. Deixamos de ver o sentido como um exercício de espelhamento de uma totalidade de situações possíveis dadas de uma vez por todas num horizonte atemporal de significações. Essa unidade pressuposta vai explodir (já no *Livro azul*) numa multiplicidade irredutível de jogos de linguagem que nascem e morrem no interior de inumeráveis práticas, tais como medir, contar, fazer um pedido num balcão, pedir material de construção a um ajudante, comemorar um aniversário, contar piadas, fazer um galanteio, discutir política ou futebol, mentir, iludir, dirigir insultos, e assim por diante. É apenas no interior dessas práticas que as palavras e sentenças usadas naqueles jogos ganham sentido. Sem elas, nenhuma coisa que pudéssemos chamar de "palavra" ou de "significado" seria concebível.

10. A LINGUAGEM NO ESPAÇO PÚBLICO

Não é surpreendente, por isso, que um dos principais alvos do exercício terapêutico desenvolvido a partir do *Livro azul* seja a tendência (Wittgenstein diz repetidas vezes — a tentação) que temos de considerar o sentido como algo mental, articulando-se numa esfera privada, para só derivadamente adquirir uma dimensão pública. Tendo como alvo esse sintoma central, Wittgenstein nos faz ver repetidas vezes e de diferentes ângulos que a ideia de um sujeito dos sentidos subtraído ao mundo, logicamente inacessível a qualquer outro falante, trancado em seu castelo de intencionalidades semânticas, dando uma espécie de fundamento último a nossas atividades regradas, como se essas, abandonadas à própria sorte, estivessem condenadas a um regresso hermenêutico infinito, numa fuga desesperada de um resíduo empírico a ser evitado a qualquer custo, pois sua presença parece transformar a lógica numa instituição "meramente" humana, num "mero" jogo de xadrez sofisticado — essa ideia de um Sujeito *ex machina* surgindo fora do espaço e do tempo para produzir nos limites do mundo o *fiat* do sentido é carente de sentido, mas não porque esse Sujeito deva se impor como uma necessidade inefável a ser aceita após jogar fora a escada que me permitiu avistá-lo num horizonte infinito. Não. Esse Sujeito não tem lugar numa linguagem na qual números só podem contar e medir se estiverem inseridos no mundo a que as crianças vêm quando nascem — esse tabuleiro imenso sobre o qual, aos poucos, elas terão que aprender a se movimentar com os braços, com as pernas e com a boca.

Do começo ao fim, é para essa impossibilidade de um universo privado de sentidos que Wittgenstein está chamando nossa atenção. Nada que não possa ser entendido pelo outro do mesmo modo que eu entendo pode ser parte da linguagem que tanto eu quanto ele falamos. Se meu critério para usar a palavra "dor" fosse a sensação de dor que estou sentindo, essa palavra teria significações completamente diferentes para ele e para mim. E não tem. Tanto eu quanto ele a usamos da mesma forma, submetendo-a aos mesmos critérios públicos de identificação. Isso não quer dizer que, ao falar sobre a dor, falamos na verdade sobre o comportamento de dor. Nem aqui nem mais adiante Wittgenstein vai se comprometer com esse tipo de reducionismo. O ponto é que, tanto nas ocasiões em que alego sentir dor quanto naquelas em que afirmo que outra pessoa sente ou não sente dor, tenho que usar a palavra "dor" associada a critérios públicos de identificação. Nada podemos fazer com a afirmação de um sensitivo que alega "sentir na ponta dos dedos" que há água a tantos metros de profundidade. Podemos confiar nele pelo fato de ele acertar na maioria das vezes, mas não conseguiremos conectar a essas previsões sua alegação de que "sente" alguma coisa. Para todos os efeitos, o que ele sente não entrará em nosso cálculo enquanto ele não falar de suas sensações da mesma forma que falamos das nossas. Não há nada de difícil ou misterioso nesse discurso. Bastará que ele diga, por exemplo, que, quando sente um formigamento na mão direita, uma medida lhe vem à mente. Pronto. Podemos não ter a mesma experiência que ele, mas agora entendemos que tipo de experiência ele alega ter.

Algo semelhante acontece nas páginas em que o leitor é induzido a abandonar a ideia de que o pensamento acontece num "meio" sui generis chamado "mente" e que, em função disso, um pensamento é um evento originariamente privado. A mente não é um lugar e, se houvesse sinais que só pudessem ser operados por mim, eu não teria como aprender a usar esses sinais ouvindo e imitando o que as outras pessoas dizem. Isso não quer dizer que eu não possa pensar em voz baixa. Mas quer dizer, sim, que tudo o que eu penso em voz baixa devo ser capaz de pensar em voz alta, especialmente nos casos em que é necessário garantir que aquilo que penso possa ser ouvido por alguém que estou ensinando a falar.

11. SEMELHANÇAS DE FAMÍLIA

A mente é igualmente dispensada quando a unidade conceitual é revista, no *Livro azul*, sob a lente das "semelhanças de família" — uma expressão que veio para ficar. No *Tractatus*, um termo conceitual era uma proposição na qual um ou mais nomes haviam sido substituídos por variáveis. Isso nos obriga a ver o próprio nome como um termo conceitual, pois ele é aquilo que resta numa proposição elementar quando todos os outros nomes foram transformados em variáveis. A unidade do conceito era dada, portanto, pela inserção categorial do nome, ou seja, pelas possibilidades e impossibilidades combinatórias inscritas na natureza do objeto nomeado (possibilidades e impossibilidades refletidas, como já vimos, nas permissões e proibições combinatórias que constituem a identidade sintática do nome). Quando o espaço lógico tractariano se dissolve, essa análise elegante na qual a generalidade é apenas uma dimensão do indivíduo não está mais disponível, e a questão clássica a respeito da unidade do conceito ressurge com força redobrada. O que unifica os diversos casos de um conceito? O que unifica a subsunção? O que faz com que palavras como "vermelho", "lápis", "xadrez", "jogo" etc. apliquem-se a determinadas coisas, e não a outras? Um roxo avermelhado é vermelho? Um lápis quebrado é um lápis? O xadrez antes do roque era xadrez? A linguagem pode ser considerada um jogo?

Esse tipo de pergunta supõe que os termos conceituais possuam a determinação completa dos conceitos tractarianos:

uma rede lógica de possibilidades combinatórias no interior da qual o conceito aparece como um recorte sem rebarbas: ou um objeto é subsumido por ele, ou não é. *Tertium non datur*. A percepção de que a unidade do conceito não pode ser dada no nível ontológico (como acontecia no *Tractatus*) vem quase sempre acompanhada da tentação de recuperá-la no nível psicológico, na forma de um conceito manufaturado "na" (ou "pela") mente do falante por meio de um isolamento da identidade na diferença. Para que o conceito possua completa determinação, a mente deveria discernir um conjunto de características necessárias e suficientes para chamar algo de "jogo", armazenar a amálgama dessas características como uma espécie de "imagem mental" dos jogos, e usar essa imagem para dotar a palavra "jogo" de sentido determinado, fazendo com que essa palavra se aplicasse a certos casos, mas não a outros. É essa imagem que, associada a uma proposição, permitiria uma comparação dessa proposição com o mundo e uma decisão pelo sim ou pelo não em cada caso. É ela que permitiria à linguagem falar sobre o que está ausente, o que não ocorre, o que "não é". Segundo essa concepção, se alguém me pede para ir ao jardim colher uma flor vermelha, o som "flor vermelha" não poderia, sozinho, me ajudar, pois o som não é de modo algum semelhante àquilo que se espera que eu procure no jardim. Para quem vê as coisas desse modo, o som deveria estar associado a condições necessárias e suficientes de identificação coisificadas na forma de uma "imagem mental" que eu "carregaria" comigo, nalgum recôndito da mente, até o jardim.

O *Livro azul* põe o leitor diante do *fato* de que, normalmente, essa imagem não existe e, mesmo que existisse qualquer coisa desse tipo em minha mente ou (melhor ainda!) em minhas mãos, eu deveria saber *usar* essa imagem tanto quanto devo saber *usar* a linguagem para atender ao pedido. Se eu sei usar as palavras, normalmente não preciso de imagem alguma para suplementá-las. As palavras podem muito bem fazer o trabalho sozinhas. É preciso perceber que Wittgenstein não está negando a possibilidade de usarmos imagens em conjunto com palavras, ou de simplesmente evocarmos imagens quando ouvimos determinadas sentenças. É claro que eu *posso* imaginar uma flor vermelha. *Posso* levar uma imagem na mente ou num papel até o jardim. Mas *não preciso* fazer isso, e normalmente não o faço. Esse é o ponto.

Conceitos não dependem logicamente de imagens de nenhum tipo. Eles são constituídos por uma *técnica*[27] que nos permite percorrer os diversos casos, e essa técnica não envolve nenhum conjunto fixo de condições necessárias e suficientes de subsunção. Não existe nada que todos os jogos (os existentes, os extintos, os vindouros e os meramente possíveis) devam possuir para serem chamados assim. Em vez de um fundamento atemporal, absoluto, o que encontramos quando examinamos a linguagem sem antolhos é simplesmente uma *técnica* de emprego de um som em situações mais ou menos aparentadas. É assim também que aprendemos a usar palavras como "flor" e "vermelho". Não há nada "por trás delas" ou de seu uso. Há todo um modo de viver e de atuar sobre o mundo que envolve, entre muitas outras coisas, o uso das palavras de nossa linguagem. É nessa forma de viver que uma criança deve se inserir. Ela aprende a aplicar a palavra "flor" a objetos mais ou menos semelhantes entre si e sabe como estender essa aplicação a casos novos.

27. Muito embora a palavra "técnica" não apareça no *Livro azul*, a ideia me parece onipresente. Ela é a contraparte necessária da ideia de que, em última instância, usamos as palavras "cegamente". Podemos usar uma tabela de cores que nos guie no uso da palavra "vermelho", e podemos usar uma tabela de flechas que nos guie no uso da tabela de cores, mas, em algum ponto, teremos que parar e, quando pararmos, não haverá regra alguma em nossas mãos ou em nossa cabeça, mas apenas uma *técnica* de usar corretamente palavras ou tabelas.

Há casos duvidosos? É claro que há. A vida é assim. A linguagem não entra em colapso em função disso, do mesmo modo que o jogo de futebol não entra em colapso pelo fato de não sabermos dizer em todos os casos se uma jogada foi faltosa ou não foi.

12. INTENÇÕES

Algo muito semelhante acontece com os jogos de linguagem vinculados a verbos psicológicos, como "pensar", "desejar", "imaginar" e "esperar". Nesses casos, as tentações mentalistas que perturbam a análise de termos muito simples, como "flor" e "vermelho", retornam com força e perigo redobrados. Não se trata mais de identificar uma parte de uma planta ou uma cor num jardim, mas de "visar" o próprio sentido de uma proposição. A intencionalidade dos estados e processos mentais vem para o proscênio. Quem deseja deseja "algo". Quem pensa pensa "algo". E assim por diante. O que é esse "algo" que é pensado, desejado etc., mas pode nem sequer existir? E, quando existe, como "isso" pode ser aquilo que eu desejava, já que eu poderia desejar *a mesma coisa* sem que ela existisse? Os mesmos becos sem saída que encontramos quando perguntávamos pelo significado da palavra ressurgem agora, tendo por alvo o objeto do desejo, do pensamento, da imaginação, da expectativa, da memória etc. As mesmas tentações retornam. Somos levados a procurar em nós, em nossos pensamentos, em nossa mente, um objeto que sirva para identificar nosso desejo, nossa crença, nosso pensamento etc.

A saída do labirinto verbal em que nos metemos quando iniciamos esse tipo de busca é dada sempre pelas mesmas técnicas filosóficas. Em vez de pensar no que "é necessário que aconteça", é muito mais produtivo e razoável constatar o que normalmente acontece em ocasiões assim. O que acontece na mente de alguém que está esperando por d. Sebastião? Tudo e nada pode acontecer, diria Wittgenstein, quer ele venha, quer não. Nada do que acontece em sua mente é necessário para que se diga que ele está esperando por d. Sebastião. E nada é suficiente. Pois, aconteça o que acontecer, a mesma coisa poderia estar presente (ou ausente) caso essa pessoa estivesse à beira-mar imaginando a chegada de d. Sebastião, ou querendo que ele lhe trouxesse um livro, ou se lembrando da lenda enquanto espera por outra pessoa. Os critérios para dizer que alguém está esperando por d. Sebastião, ou acredita que ele voltará um dia, são muito variados e envolvem as coisas que essa pessoa diz, disse ou diria em determinadas circunstâncias. Nenhum desses critérios envolve o exame íntimo da mente alheia, nenhum deles é "telepático" — até porque, se o fosse, correria o risco de não encontrar coisa alguma (ou de encontrar alguma coisa muito diferente de d. Sebastião) na mente da pessoa a quem atribuímos a crença ou a expectativa.

Mais uma vez, é preciso insistir que não se trata de pôr a palavra "mente" no índex. Há estados mentais. Há processos mentais. Falamos frequentemente a respeito deles e não há nenhum problema com isso. Podemos pensar em voz baixa, sonhar, alucinar etc. O que Wittgenstein está negando é que seja necessário pensar em voz baixa, ouvir vozes ou ver imagens para sermos capazes de compreender o que me dizem ou querer dizer algo a alguém. Embora não seja comum, podemos pensar em voz baixa enquanto falamos e, quando isso acontece, não haverá dificuldade alguma em relatar o que nos aconteceu. Não é a mente enquanto tal que está sub judice, mas uma mitologia do mental constituída pela invenção de processos e estados cuja ocorrência é postulada com a finalidade de identificar nossos desejos, nossos pensamentos, nossas expectativas e coisas semelhantes. Esses processos e estados que postulamos não precisam ocorrer, quase nunca ocorrem enquanto estamos ouvindo ou falando e, quando ocorrem, não fazem aquilo que esperávamos que fizessem, mas apenas repõem o *falso* problema de identificação que eles foram chamados a resolver.

De quem Wittgenstein estaria falando, então? O sujeito tractariano certamente não deve ser confundido com estados e processos mentais que "acompanham" a fala ou a escuta no tempo. Como sujeito que simplesmente nomeia e nega, e que, nomeando e negando, pensa, o sujeito tractariano é, como já vimos, necessariamente atemporal e impessoal. Ele é capaz de descrever estados e processos mentais, mas tem que ser distinto de qualquer um deles. Durante um curtíssimo período, que vai basicamente do começo de 1929 até o final de 1930, Wittgenstein trabalha com a oposição entre hipóteses e proposições,[28] que ancora a linguagem no campo fenomênico, fazendo com que qualquer sentença seja, ou bem a descrição de um fenômeno, que pode ser direta e completamente verificada ou falseada, ou bem uma hipótese que se apresenta como uma expectativa fenomênica infinita em relação ao mundo físico, que os fenômenos podem apenas satisfazer de modo parcial e provisório. Quando falamos de um livro, de uma cadeira ou de qualquer evento localizado no tempo físico (o sonho que tive ontem à noite, por exemplo), estamos no reino das ficções aceitas por economia e conveniência no âmbito, agora, não apenas da ciência, mas da linguagem cotidiana. Essas hipóteses, porém, ainda estão ancoradas em descrições fenomênicas a respeito daquilo que me aparece como percepção presente, como memória, como expectativa. Em última instância, eu, enquan-

28. Retomo aqui o que foi dito na seção "O fenômeno e a hipótese" (p. 155).

to sujeito dos fenômenos, ainda sou a ancoragem solipsista do sentido de toda a linguagem. É nos meus termos fenomênicos que entendo o que os outros me dizem e aquilo que digo aos outros. A linguagem, na conferência sobre a forma lógica e nas *Observações filosóficas*, ainda é essencialmente privada, mesmo quando fala a respeito de objetos físicos. O que eu compartilho com os outros é uma ficção, e o sentido dessa ficção só pode se realizar numa interioridade logicamente impermeável onde estão os fenômenos que espero, que recordo ou que percebo.

Retomo esse ponto para ressaltar que o interlocutor de Wittgenstein no *Livro azul* é, antes de mais nada, ele mesmo. Não se trata apenas, aqui, do autor do *Tractatus*, mas também e com muito mais frequência do autor dessa tentativa mais ou menos desesperada de salvar o projeto tractariano do naufrágio, tentativa essa que encontra nas *Observações filosóficas* sua expressão mais acabada. Durante o período intermediário, o sujeito não é mais a atividade pura de nomear e negar, mas ainda tem reservado para si o papel da intencionalidade que projeta expectativas fenomênicas sobre uma palavra como "cadeira", decidindo a cada momento se essas expectativas foram parcial e provisoriamente satisfeitas, ou não. Esse eu, que é o polo de minhas vivências, é também o responsável último pela projeção da linguagem nesse universo fenomênico que, sendo essencialmente meu, torna a linguagem essencialmente minha.

Isso desaparece no *Livro azul*. A linguagem, agora, começa e termina no espaço público dos critérios compartilhados. Isso vale para a cadeira, vale para as minhas dores e vale para todas as minhas vivências. O sujeito que projeta intenções fenomênicas sobre as palavras da linguagem cotidiana não tem mais função e, como fora postulado apenas pela suposta necessidade de haver um "eu" desempenhando essa função, desaparece da economia interna da linguagem. Ele se revela apenas um subproduto do mal-entendido que nasce quando me pergunto o que é o significado da palavra "cadeira", buscando, no outro lado de minha pergunta, um objeto, uma coisa qualquer. As vivências fenomênicas não são exceções. Nenhuma alucinação vermelha é exigida para que a palavra "vermelho" seja usada. Se, por acaso, uma mancha qualquer interfere no processo, será como parte de um jogo cujos critérios são tão públicos quanto a tabela de cores de uma loja de materiais de construção ou a expressão de agrado ou desagrado de quem me fez um pedido, quando confrontado com a flor que eu trouxe do jardim. Em vez de servir de âncora ao discurso sobre o mundo compartilhado, o discurso a respeito de minhas impressões sensíveis é incorporado ao espaço público e submetido a regras que aprendemos nesse mesmo espaço público para falar a respeito tanto das cores que estou vendo quanto da cadeira na qual estou sentado.

13. O TESOURO E O AVIÃO

É também nesse espaço público que nascem as atividades de contar e medir, e é apenas no interior dessas práticas regradas que sistemas numéricos podem subsistir como parte de nossa linguagem, e não simplesmente como um jogo sintático inconsequente, como é o xadrez.[29] É por meio dessa presença es-

29. Um problema de xadrez certamente pode ser visto como um problema matemático. Um problema arquitetônico ou contábil também pode. Trata-se, em todos esses casos, de aplicações da matemática — do equacionamento de certos problemas em termos matemáticos. No entanto, uma tribo que jogasse xadrez não teria, apenas por isso, aquilo que nós usualmente chamaríamos de "matemática". Podemos esticar o conceito? Sempre podemos. Nesse caso, estaríamos inclinados a dizer que todas as culturas conhecidas possuem algum tipo de matemática. Estaríamos muito próximos de dizer que toda e qualquer

praiada de *muitos* modos por *algumas* formas humanas de vida que a matemática ganha um estatuto propriamente linguístico. Ela não é parte da linguagem por estudar um tipo especial de "objetos", nem por articular a descrição de um tipo especial de fatos. Ela se insere na linguagem por ser usada na construção de pirâmides (em conjunto com ordens para que certas pedras sejam trazidas), no comércio (associada a pedidos feitos no balcão de um estabelecimento comercial), na pesagem da madeira (tal como realizamos aquilo que chamamos de "pesagem", dados certos objetivos comerciais), no cálculo do tempo necessário para chegarmos a tal lugar de tal modo (num contexto em que poderemos usar a mesma linguagem para conversar sobre outros aspectos da viagem) etc.

Se quisermos saber qual é o significado de uma palavra como "5", será melhor examinar como aprendemos a usar essa palavra e como aprendemos a utilizar os sistemas numéricos em que essa palavra está inserida. O erro de matemáticos filosofantes que partem da questão "O que é o número um?" é em tudo semelhante ao erro de filósofos "matematizantes" (como Frege, Russell e o autor do *Tractatus*) que, aspirando a uma definição lógica dos números que os eliminasse da linguagem, haviam partido de uma investigação a respeito do significado das palavras no qual esse significado era entendido como um objeto, uma coisa, uma entidade. Esse me parece ser um dos motivos pelos quais Wittgenstein pouco fala sobre matemática

→ atividade humana é, em alguma medida, matemática. E isso pode ser útil para determinados propósitos. Mas, nesse caso, será bom ter em mente que estamos livres para incluir naquilo que chamamos de "matemática" atividades que normalmente chamaríamos de "meros jogos verbais" (ou seja, que não se aplicam a coisa alguma). Da mesma forma, poderíamos dizer que uma pessoa anestesiada tem uma "dor inconsciente". Mas não devemos ver nisso a descoberta de um novo tipo de dor, e outras convenções deveriam ser feitas se quiséssemos dizer que essa pessoa não está sentindo dor de nenhum tipo.

num curso explicitamente dirigido a matemáticos. Ele não está preocupado em afastar determinadas respostas. Quer afastar determinadas perguntas. Quer recuar para examinar o ponto de vista de qualquer pessoa que se pergunte "o que são" os números e qual o "fundamento" das verdades aritméticas, esperando encontrar como resposta algo que não esteja ligado a convenções arbitrárias nem a culturas específicas. É esse ponto de vista que está na mira de Wittgenstein o tempo todo. É como se ele dissesse a seus alunos matemáticos: "Não pensem a linguagem como eu a pensava no *Tractatus* e vocês não farão mais certas questões que eu fazia e que me desencaminharam. Em vez de perguntar o que é o vermelho, devemos observar como a palavra 'vermelho' é usada. O mesmo se aplica à palavra '5'. Observem como crianças aprendem a contar e a usar no cotidiano os números aprendidos na contagem e vocês verão em que consiste o significado dessa palavra".

Não é que Wittgenstein não tivesse coisas novas a dizer a respeito da matemática. Metade das *Observações filosóficas*, metade do *Big Typescript*, metade de tudo o que ele escreveu a partir de 1929 dizia respeito ao modo correto de se entenderem os enunciados matemáticos. Pouco se fala disso no curso de 1933-4, e o motivo me parece simples. A filosofia da matemática apresentada nas *Observações filosóficas* será basicamente a mesma que encontraremos ao longo de toda a obra madura.[30] O que ele considera importante é anunciar sua ruptura até mesmo com a filosofia "fenomenalista" da linguagem que ainda es-

30. A ideia de que o número seja uma "figura" [*Bild*] de uma "extensão conceitual" e a ideia correlata de que cada cálculo [*Rechnung*] da matemática seja uma "aplicação de si mesmo" (ambas apresentadas no décimo capítulo das *Observações filosóficas*) serão abandonadas. É uma questão em aberto para mim se já foram abandonadas em 1933 ou não. De todo modo, ambas são apenas modulações do mesmo finitismo que será mantido até o final da vida.

tava resguardada nas *Observações filosóficas* e em alguns cursos a que Moore havia assistido nos anos anteriores. A aritmética já era considerada uma atividade obediente a critérios públicos de correção desde que os números foram reintroduzidos na base da linguagem, em 1929. Mas as contagens e as medições em que eles eram utilizados ainda estavam conectadas a enunciados fenomênicos vinculados a um universo privado e a um sujeito solipsista. É isso que acaba de vez no *Livro azul*. Não existe mais lugar, aqui, para universalismos platonizantes em nenhum campo do discurso, nem para a constituição solipsista do sentido. A linguagem é, num certo sentido, humilhada, dissolvida na dispersão das línguas, sem nenhum privilégio metafísico para aquelas faladas em culturas que inventaram sistemas numéricos complexos para contar e para medir. Culturas assim podem ser mais eficientes, mais confortáveis, mais perigosas, mas não estão um centímetro mais próximas da "essência" da realidade, da "estrutura última" do mundo, da "percepção das verdades eternas". Nenhuma verdade é eterna. "5 + 7 = 12" é uma regra de substituição. Nasceu num tempo e lugar determinados, como o roque no xadrez ou a escala diatônica na música. Serve para muitas coisas? Sem dúvida. Mas a roda também serve para muitas coisas, e nem por isso nos franqueou o acesso ao mundo das ideias ou coisa que o valha. As regras numéricas são invenções, não descobertas. São mais semelhantes a um aeroplano que a um tesouro.

14. RAMANUJAN

O contrário disso foi o que Hardy vira em Ramanujan pouco depois de Wittgenstein chegar a Cambridge, em 1911. Godfrey Harold Hardy foi um dos maiores matemáticos de sua época.

Era professor do Trinity College, onde Russell também dava aulas, e defendia abertamente uma concepção platonizante de sua disciplina. Uma famosa passagem de um de seus livros apresenta com clareza a ideia central desse tipo de concepção: "Acredito que a realidade matemática está fora de nós, que nossa função é descobri-la ou observá-la, e que os teoremas que provamos e descrevemos de modo grandiloquente como 'criações' nossas são simplesmente notas tomadas de nossas observações".[31] Em 1913, Hardy recebe uma carta de um matemático indiano que viria a ser uma espécie de personificação desse tipo de ponto de vista — alguém cuja obra parece não ser inteligível a não ser quando vista sob lentes platonizantes.

"A primeira carta que ele me mandou", dirá Hardy no obituário que escreveu alguns anos mais tarde, "foi certamente a mais impressionante que eu já recebi. Havia uma curta apresentação pessoal escrita, como ele me contou mais tarde, por um amigo. A parte principal da carta consistia na enunciação de cem ou mais teoremas matemáticos. Algumas das fórmulas eram familiares; outras pareciam difíceis de acreditar. De umas poucas (referentes à distribuição dos números primos), podia-se dizer que eram definitivamente falsas. Não havia provas, e as explicações eram frequentemente inadequadas. [...] Quaisquer que fossem as reservas que devessem ser feitas, uma coisa era óbvia: o autor da carta era um matemático da mais alta qualidade, um homem com um potencial e uma originalidade absolutamente excepcionais."[32]

Basicamente, Ramanujan era capaz de chegar a resultados matemáticos sofisticadíssimos, mas não de explicitar com clareza os procedimentos que o haviam levado a tais resultados. Car-

31. *A Mathematician's Apology*. Cambridge: Cambridge University Press, 1993, pp. 123-4.

32. *Nature*, v. 105, n. 2642, pp. 494-5, 17 jun. 1920.

regava consigo cadernos com centenas de anotações de fórmulas a que havia chegado, mas poucas delas vinham acompanhadas de uma prova. As fórmulas não apenas faziam sentido como seriam avanços matemáticos importantes caso sua verdade pudesse ser demonstrada. Eram muito semelhantes nisso a certos problemas deixados em aberto, como o Teorema de Fermat (formulado no século 17 e finalmente provado em 1994)[33] ou a conjectura de Goldbach (formulada no século 18 e sem prova até hoje). O Teorema de Fermat diz que a equação $x^n + y^n = z^n$ não tem solução no âmbito dos números inteiros quando n é maior que 2. A conjectura de Goldbach diz que qualquer número par maior que 2 pode ser expresso como a soma de dois primos. Em ambos os casos, os matemáticos acreditavam possuir evidências "indutivas" da verdade dessas afirmações. Os teoremas estariam "confirmados" para muitíssimos casos particulares e, em função disso, os matemáticos sentiam-se autorizados a "supor" que eles seriam confirmados "sempre". Era mais ou menos essa a situação de um matemático diante das equações de Ramanujan. A maioria delas vinha acompanhada de confirmações parciais, ou de evidências indiretas de sua "verdade", mas não de uma prova, muito menos de uma prova *construtiva*, semelhante à que temos para afirmar que "qualquer" número primo é menor que "algum outro" número primo. A questão que se coloca, nesse caso, é se faz sentido falar numa proposição matemática que "ainda" não tem prova, ou que tem uma "prova" que nos obriga a tratar os números como entidades platônicas, independentes de qualquer atividade ou invenção humana. Ninguém respondeu negativamente a essa questão de forma mais articulada e consequente que Wittgenstein.

33. Também conhecido como Teorema de Fermat-Wiles, em homenagem ao matemático que elaborou uma "prova" para ele. Ponho a palavra entre aspas, pois essa prova não tem o caráter "construtivo" que Wittgenstein exige das demonstrações matemáticas, como veremos a seguir.

Mesmo no *Tractatus*, quando os números estavam vinculados a métodos lógicos de construção proposicional e ancorados, por isso, numa ordenação lógica subjacente a toda e qualquer linguagem, eles não eram vistos como um domínio autônomo, no qual devemos "descobrir" verdades que já estão lá, desde sempre, à espera de um "acesso" humano.[34] Com a reintrodução dos números na base da linguagem, em 1929, a recusa do platonismo na matemática fica ainda mais urgente. Números são *sistemas de sinais* (rabiscos feitos com caneta sobre o papel, sons que as crianças aprendem a produzir na garganta) utilizados em atividades como contar e medir, sistemas esses que a maioria absoluta das formas de sociabilidade humana simplesmente não inventou. Nem toda sociedade na qual existem contagens e medições possui sistemas numéricos semelhantes aos nossos, com valores posicionais e o uso do zero.[35] A álgebra foi uma invenção. A notação do cálculo superior foi outra invenção. Nenhuma delas está "potencialmente contida" na habilidade de escrever (ou pronunciar) séries numéricas, do mesmo

34. O desenvolvimento completo dessa ideia tractariana demandaria uma digressão excessivamente longa. Em essência, o *Tractatus* parte do uso dos números para abreviar quantificações aninhadas, como acontece em "Há exatamente 5 pessoas nesta sala", insere essas proposições em séries que podem ser recursivamente caracterizadas ("Não há pessoas nesta sala", "Há exatamente uma...", "Há exatamente duas..." etc.) e deriva das propriedades mais gerais de séries desse tipo as propriedades das séries numéricas. É esse o tema de minha tese de doutorado, "O *Tractatus* no contexto do projeto logicista" (USP, 1993). Note-se que, mesmo desse ponto de vista, números aparecem como expedientes abreviatórios vinculados a séries de proposições. Não existe nenhuma "totalidade dos números" com propriedades platonicamente associadas a ela desde sempre e para sempre. Existe apenas um sistema de abreviação que nem sequer é essencial à expressão do sentido. Para uma excelente discussão desse problema, recomendo *Wittgenstein, Finitism and the Foundations of Mathematics*, de Mathieu Marion (Nova York: Oxford University Press, 1998).

35. Tente multiplicar 357 por 748 usando algarismos romanos.

modo e no mesmo sentido em que um aeroplano não está "potencialmente contido" na atividade de soltar pipas.

Antes de voltar a Ramanujan, vejamos um pouco o que significa afirmar que 5 é um número primo e o que significa afirmar que não existe um primo maior que todos os outros. Isso nos permitirá olhar para a "conjectura" de Goldbach tal como Wittgenstein a via e compreender por que, para ele, ela era tudo, menos uma *conjectura*.

Afirmar que 5 é um número primo significa dizer que ele não é divisível por nenhum outro número que seja diferente dele mesmo e de 1. O que nos autoriza a afirmar isso é uma série *finita* de cálculos com os números primos menores que 5 (ou seja, 2 e 3): posso verificar que 5 não é múltiplo de nenhum deles. O mesmo aconteceria com o número 863. Afirmo que ele é primo porque posso tomar todos os números primos até 863 (o que me dá uma lista longa, mas finita) e ir verificando que 863 não é múltiplo de nenhum deles. Do mesmo modo, posso verificar que 864 é divisível por 2 e, portanto, não é primo. Minhas afirmações não dizem respeito a propriedades "atemporais", "platônicas" dos números 863 e 864, mas a propriedades associadas às regras de construção da série dos números. A cada afirmação desse tipo corresponde uma "prova", e essa prova consiste sempre em manipulações simbólicas baseadas nas regras de construção da série de sinais em que esses números estão inseridos.

A mesma coisa acontece com a prova de que não existe o maior de todos os primos. Dado um número primo p, é sempre possível descrever um procedimento para encontrar um número primo maior que ele. Calculamos $p! + 1$,[36] que já sabemos não ser divisível por nenhum número primo menor ou igual a p (por causa do "+ 1"). Se $p! + 1$ for divisível por algum número primo,

36. Lembrar que $p! = 1 \times 2 \times \ldots \times p$.

esse número deve estar no intervalo entre p e $p! + 1$. No caso de números altos, esse procedimento pode ser demorado, ou mesmo impraticável. Pouco importa. A questão, aqui, é que esse procedimento existe, e é isso o que me permite dizer que *existe* um número primo maior que 863: ele é o número que *poderia* ser obtido por *esse* procedimento. Dizer que esse número existe é, nesse caso, apenas um modo indireto de dizer que ele pode ser construído, que somos capazes de descrever o procedimento para construí-lo. É nesse sentido que dizemos que temos, neste caso, uma prova *construtiva*.

O que pode querer dizer, no entanto, a afirmação de que todo número par maior que 2 é a soma de dois primos? Sabemos que isso é verdade para números menores que 13, pois $4 = 2 + 2$, $6 = 3 + 3$, $8 = 5 + 3$, $10 = 7 + 3$, $12 = 7 + 5$. Também sabemos que 11 (um número ímpar) não é a soma de dois primos, o que nos permite afirmar que a sentença "todo número ímpar maior que 2 é a soma de dois primos" é *falsa*. Somos capazes de exibir um contraexemplo. Mas não inventamos ainda nenhum procedimento efetivo para construir *qualquer* número par como a soma de dois primos, nem para dizer qual é o próximo número ímpar que não é a soma de dois primos. Esse procedimento, por enquanto, não foi inventado e, por isso, "não existe". Se existirá um dia, não sabemos. Tudo o que temos são resultados que dizem respeito a números específicos (como 9, 10 e 11), mas não um procedimento geral para dar uma resposta em qualquer caso. Suponhamos que os computadores já tenham mostrado (calculando um a um, ou seja, caso a caso) que números pares com até trinta algarismos podem ser construídos como a soma de dois primos. Isso nos permitiria dizer que *existem* dois números primos cuja soma é 10^{18} — bastaria exibir a soma calculada pelo computador especificamente para esse número. Mas o cálculo feito pelo computador é impotente para mostrar que todo número par com 31 algarismos (ou com 310, 3100 ou 3100^{3100} algarismos) é a soma de dois primos. E não faria sentido dizer que esse cálculo torna "mais provável" a afirmação de que todo número par é a soma de dois primos. Nesse ponto, é importante fazer uma distinção.

Não sabemos se todo número par com até 3100 algarismos é a soma de dois primos. Mas faz sentido supor que isso é (ou não é) verdade. Sabemos descrever o procedimento que nos levaria a decidir essa questão. Podemos, por exemplo, calcular que velocidade de processamento um computador deveria ter para decidir a questão em cinco anos, trabalhando sem parar. Ou, então, quanto tempo uma pessoa levaria para chegar a esse resultado fazendo cálculos com papel e caneta. Não importa que ninguém fosse capaz de fazer isso na prática, ou que não houvesse tinta e papel suficientes no universo. A ideia de construir uma ponte indo da Terra à Lua pode ser impraticável, mas faz sentido. Sabemos em quais circunstâncias diríamos que essa ponte foi construída. Mas o que deveria acontecer para concluirmos que o homem conseguiu finalmente construir uma ponte infinita? Em que momento diríamos que ela ficou pronta? Quando os operários olham para a frente, no final da ponte, o que eles estão vendo? E se olharem para trás? Com que se parecem os últimos dez metros? As questões perderam o sentido porque a descrição da ponte deixou de fazer sentido. Fomos levados a pensar que, pelo fato de podermos descrever a construção de uma ponte indo da Terra à Lua, poderíamos descrever a construção de uma ponte indo da Terra ao infinito. Só nos esquecemos de levar em conta que "infinito" não é o nome de um lugar.

O mesmo acontece com a afirmação de que todo número par pode ser exibido como a soma de dois primos. É como se dissséssemos: "Continue calculando por infinitos anos e você verá". Ou: "Use um computador que possa aumentar infinitamente a velocidade de processamento e ele dirá se isso é verdade ou não". Um computador 3100^{3100} vezes mais veloz é algo que eu posso descrever (ainda que não saiba construir). Um computador "infinitamente mais veloz" é uma expressão que, usada literalmente, é destituída de qualquer sentido, pois não sei como empregá-la ou como associá-la a um teste que comprove essa "velocidade infinita". Em que caso poderíamos dizer que um computador "com velocidade infinita de processamento" está funcionando conforme o prometido em suas especificações técnicas? O problema, nesse caso, não é a precisão dos atuais métodos de verificação, mas a incapacidade de entender que tipo de processamento esperamos encontrar.

É nessa situação que estaríamos caso, sem possuir o método de construção descrito anteriormente, afirmássemos que todo número primo é menor que algum outro primo. Sempre haveria o último número primo que calculamos. Se alguém dissesse ter certeza de que, continuando, acharia um maior, que significação matemática teria essa "certeza"? Existiria algo mais nessa declaração de certeza do que a expressão de uma inclinação psicológica ou de um hábito? As diatribes fregianas contra o psicologismo nos vêm imediatamente à lembrança. Afirmar que $5 + 7 = 12$ é afirmar que temos a tendência de dizer "12" quando nos perguntam quanto é $5 + 7$? Alegar a tendência a responder "13" seria uma justificação aceitável para a resposta errada? E qual é a oposição entre acerto e erro, nesse caso, se tudo o que temos são duas tendências em choque, mais ou menos como a preferência por um tipo ou outro de culinária?

Ramanujan foi um grande matemático. Não há dúvida sobre isso. Suas equações continuarão despertando a atenção dos matemáticos e dando origem a pesquisas importantes nessa área. Suas habilidades são as de um matemático profissional. Ao contrário de um mero adivinho, ele era capaz de perceber a relevância de certos problemas e de propor soluções profundas para eles — soluções que insinuavam conexões entre áreas muito diferentes da matemática. Ele era capaz de discutir matemática com matemáticos, muito embora em alguns pontos cruciais não fosse capaz de apresentar as provas que um matemático espera ver para aceitar as afirmações de um colega. Ele transitava entre os matemáticos como um matemático. Mas seus resultados mais típicos — suas equações calculadas "de cabeça" — eram menos que resultados matemáticos propriamente ditos. Faltava a eles o que falta ao "teorema" de Fermat e à "conjectura" de Goldbach. Faltava uma prova. E não qualquer prova. Faltava uma *construção*. Esse é o ponto central da filosofia da matemática de Wittgenstein. Não existe noção matemática de verdade desvinculada de um mecanismo efetivo para a construção de um certo resultado, e não existe proposição matemática cujo sentido seja anterior à determinação de seu valor de verdade por uma construção. Num sentido importante, a proposição matemática é a construção que exibe a sua verdade. A matemática é toda feita de construções — de invenções humanas. A prova não é uma ponte ligando o matemático a verdades platônicas atemporais. Ela não é um mecanismo humano de acesso a verdades que independem desses mecanismos. Cinco não é maior que três porque, se vasculhássemos o mundo platônico das ideias matemáticas, constataríamos que "todos" os conjuntos com cinco elementos têm subconjuntos com três, mas porque, no processo (inventado por nós) de contagem, se contarmos até cinco teremos que passar pelo som "três".

Na maioria das vezes, Ramanujan não utilizava pontes. Mas por isso mesmo suas façanhas, vistas de um certo modo, serviram (e ainda servem) para reforçar essa imagem platonizante da matemática. Tudo se passa como se Ramanujan pudesse dispensar as pontes, pois era capaz de saltar diretamente para o mundo das verdades eternas. Como diz o título de um livro (depois transformado num filme) sobre sua vida, ele teria sido "o homem que conheceu o infinito", mais ou menos no sentido em que outras pessoas conheceram a França ou a Lua. Aquilo que nós temos que estabelecer por meio de longas cadeias de raciocínio, ele era capaz de acessar intuitivamente. Algo semelhante teria acontecido com matemáticos como Goldbach e Fermat. Eles teriam sido capazes de enxergar diretamente a verdade de enunciados matemáticos sem saber dizer de que modo seriam capazes de prová-los.

Que sentido tem, no entanto, a alegação de que alguém deu um pulo para o infinito? Aonde alguém poderia pretender chegar caso fizesse algo assim?

15. O ADIVINHO

Que sentido tem a alegação de que eu descobri que meu espaço visual está aproximadamente três centímetros atrás da parte superior de meu septo nasal? Que sentido teria justificar essa alegação dizendo que eu "sinto" (em meus ossos) que é exatamente ali que "ele" (meu espaço visual) está?[37]

Parte do problema, para Wittgenstein, consiste no fato de que não atribuímos nenhum sentido a determinações espaciais aplicadas ao campo visual de alguém. Simplesmente não sabemos o que fazer diante da sentença "Deixei meu espaço visual na gaveta". Podemos imaginar que essa sentença faça sentido, é claro, mas nesse caso devemos ser capazes de especificar que sentido é esse. Alterando ligeiramente nossa linguagem (nossa "notação", como Wittgenstein costumava dizer), a sentença

37. Toda a discussão seguinte está baseada nas páginas [14-7] do *Livro azul*.

poderia ser usada para dizer que eu tinha deixado meus óculos dentro da gaveta. Podemos também imaginar que usássemos a expressão idiomática "deixar o campo visual na gaveta" para dizer que não estamos conseguindo ver alguma coisa que todos estão vendo. Podemos imaginar uma infinidade de usos possíveis para essa expressão, e inclusive associá-la a sensações específicas, como a de uma pontada na parte superior de meu septo nasal. No entanto, a mera associação de uma expressão que não sei dizer o que significa a uma sensação que não sei dizer qual é obviamente não basta para conferir sentido à expressão original. A alegação gira em falso e a justificação também. Não saímos do lugar.

Mas, se variarmos ligeiramente essa situação imaginária, obteremos um caso intermediário interessante. Imagine que um adivinho usasse uma varinha para sondar o que existe embaixo da terra. Em determinadas situações, ele vai parar num ponto, encostar a varinha no chão e dizer que "sente" que há água a cinco metros de profundidade, ou que há uma peça feita com uma liga de cobre e ouro 27,3 metros abaixo do chão. Se perguntarmos que sensação é essa, ele pode nos dizer que, do mesmo modo que sabemos estimar de cabeça a altura de uma pessoa, ele sabe estimar a que profundidade a água está, distinguindo claramente a presença da água da presença de uma peça de metal, do mesmo modo que sabemos distinguir de longe as feições de Fulano e de Beltrano. O caso é muito diferente daquele em que uma pessoa alega sentir que seu espaço visual está numa gaveta. Entendemos perfeitamente o que o adivinho está prevendo que acontecerá caso façamos uma escavação, e sabemos que, seja lá o que ele estiver sentindo, suas previsões podem estar certas ou erradas (em diversos graus e de diversos modos). Não entendemos a justificação que nos é dada porque ele se diz incapaz de especificar melhor que sensação ele tem, e como ela pode se vincular àquilo que chamamos de avaliar a altura de uma coisa por um golpe de vista. Mas entendemos a alegação que ele faz.

Suponhamos que esse adivinho faça previsões corretas num grande número de casos. Ele passará a ser chamado para auxiliar na escavação de poços ou em pesquisas arqueológicas. Pouco importa o que ele sente ou o que se passa em sua cabeça. Sua capacidade continua misteriosa para nós, mas o fato é que seu índice de acertos é impressionante. A sensação que ele alega ter continua sendo uma roda girando em falso nesse jogo, pois não desempenha nenhum papel em nossa comunicação. Pouco nos importa o que ele sente, ou se ele usa ou não sua varinha na prospecção do terreno. Importam apenas as previsões que ele faz. Se um dia ele se justificasse dizendo que a sentença "há água a cinco metros de profundidade" lhe veio à mente, entenderíamos perfeitamente bem o que ele está dizendo. Saberíamos pedir especificações adicionais ("O que lhe ocorre é uma sentença escrita ou falada?", "Dura muito tempo?", "Há alguma sensação física associada a isso?" etc.) e, embora "ouvir vozes" não seja um critério para dizermos que alguém está fazendo uma previsão correta, ficaríamos atentos se esse adivinho nos dissesse que está ouvindo vozes.

É mais ou menos isso que Ramanujan fazia. A diferença é que ele não era um simples adivinho. Ele tinha conhecimentos profundos (embora fragmentados) de matemática e era capaz de fazer demonstrações e analogias matemáticas profundas. Ele conversava como um matemático conversa, demonstrando inquietações familiares. As equações que ele enviou a Hardy estavam conectadas a problemas que qualquer matemático gostaria de resolver e, quando vinham acompanhadas de explicações inusuais ou fragmentadas, estas podiam ser conectadas por um matemático tradicional a explicações tradicionais. Além disso, seu "índice de acertos" era impressionante. Pouco importava como ele havia chegado àqueles resultados.[38] Depois de ver inúmeras equações de Ramanujan se integrando à matemática por meio de provas, um matemático experiente como Hardy sabia que deveria prestar atenção às equações que ainda não tinham sido provadas. Valia a pena escavar o terreno.

Por mais fundo que possa ir, no entanto, uma escavação tem sempre que avançar passo a passo, e há matemáticos que acreditam que, embora não possam ver o resultado de uma escavação infinita, podem sondar o que existe a uma distância infinita de seus pés.

16. O ESTATUTO CIVIL DA VERDADE

O abandono da semântica tractariana das condições de verdade determinou o abandono da mais radical doutrina da verdade como correspondência que a filosofia já foi capaz de conceber. "Correspondência", no caso do *Tractatus*, já é um termo concessivo demais. A proposição elementar, no *Tractatus*, mostra em sua própria constituição interna a concatenação de objetos que a tornaria verdadeira. Se for verdadeira, ela o será em função desse fato que ela, simplesmente por ser o que é, por querer dizer o que diz, está exibindo. Não se trata aqui de uma parecença qualquer, como a que existe entre dois gêmeos univitelinos. O estado de coisas e a proposição elementar que ele torna verdadeira estão umbilicalmente ligados pelo compartilhamento da mesma forma lógica e pela ligação lógica existente entre nomes e objetos designados.

38. Ele próprio atribuía suas habilidades a uma divindade hinduísta.

Como dissemos há pouco, a verdade matemática, já no *Tractatus*, era de outro tipo. Nada tinha a ver com correspondências ou identidades formais. Nem sequer se pode falar aqui em "verdade", pois as equações matemáticas não são proposições. São regras — regras de substituição logicamente fundamentadas. A equação "5 + 7 = 12" é uma regra dizendo que o sinal gráfico "5 + 7" pode ser substituído pelo sinal gráfico "12" numa certa notação; noutra notação, poderíamos ter a regra "1 + 1 = 11". O que fundamenta as equações da aritmética é o pareamento que fazemos entre séries numéricas e séries recursivas de proposições com quantificações aninhadas. Quando esse pareamento é feito, as séries de proposições exibem certas propriedades formais, como a seguinte: se partirmos da 5ª proposição da série e aplicarmos pela 7ª vez a operação recursiva que a define, teremos chegado à 12ª proposição da série. Os números no *Tractatus* têm uma natureza fundamentalmente ordinal. Eles têm sua origem lógica na ordenação recursiva de séries proposicionais e suas propriedades aritméticas decorrem todas dessa ordenação. É nesse sentido que "11" na notação binária e "2" na notação decimal são idênticos: ambos indicam a mesma posição ordinal numa série recursiva. Leis aritméticas são leis que independem da notação numérica adotada. Elas estão totalmente assentadas nas propriedades internas das séries proposicionais. Nessa medida, são leis lógicas, pois valem para qualquer proposição de qualquer linguagem.[39]

Quando Wittgenstein dita o *Livro azul*, a ideia de "qualquer linguagem" já deixou de fazer sentido para ele. Seu último suspiro talvez tenha sido a ideia de que os diversos espaços

39. Que o dobro de "1" tenha dois algarismos é uma propriedade exclusiva (e, nesse sentido, acidental) da notação binária. Que o 12º membro da série seja obtido pela 7ª recursão posterior à 5ª é uma propriedade interna (essencial) de *qualquer* série recursiva.

fenomênicos possuem uma ordem categorial imanente, que as regras sintáticas devem decalcar. Isso aconteceu no período de composição das *Observações filosóficas* (1929-30). Nessa época, os números já estão associados às atividades humanas de contar e medir. São sistemas arbitrários de sinais criados para o desenvolvimento dessas atividades, que não são nem mais nem menos necessárias à racionalidade humana do que a música (em suas diversas formas, com suas diversas notações), a dança (que prescindiu de qualquer notação até pouco tempo atrás), os rituais de iniciação, os jogos de tabuleiro, os jogos em geral. A linguagem, a partir de 1930, nasce, vive e morre no espaço público, umbilicalmente ligada por isso a regras compartilhadas. Ela não remete a um espelhamento atemporal de possibilidades fixas, mas às diversas modalidades de interação dos homens entre si e com o meio circundante. É nesse ambiente civil que a matemática deve ser vista, associada desde o princípio a sistemas numéricos que integram técnicas de contar e de medir que, nos últimos quinhentos anos, conheceram uma expansão e diversificação sem precedentes. Os fundamentos da aritmética não devem ser buscados na lógica, na teoria dos conjuntos ou na teoria das funções recursivas. Devem ser buscados nos sistemas de sinais numéricos em torno dos quais a aritmética se constituiu. "Ser primo" é uma característica de certos sinais numéricos, não de outros. Se quero mostrar que, dado um sinal numérico primo, sempre haverá um outro sinal primo maior que o primeiro, devo mostrar de que modo é possível construir esse outro sinal quando o primeiro me for dado. Não existe nenhuma "opção" epistêmica, ontológica ou metafísica por trás disso. Existe apenas a constatação de que pensar (no sentido mais amplo) consiste em operar corretamente com sinais e que nenhuma manipulação de sinais pode estar baseada em regras que não pressuponham, por sua vez, a capacidade de operar corretamente com sinais. É isso que o *Livro azul* está dizendo do começo ao fim. Em vez de falar diretamente sobre números, ele se preocupa mais em nos ensinar a falar de um outro modo sobre a linguagem em geral. Feito isso, deixaremos de achar que conceitos como "completude", "consistência", "axiomatização", "tipos lógicos", "predicatividade" etc. têm alguma contribuição a dar para esclarecer os fundamentos da aritmética. Esses conceitos só surgem quando a linguagem da aritmética "está de férias", flutuando no vazio, e não auxiliando um marceneiro em seu trabalho.

17. AS FLORES E OS NÚMEROS

Illustration ist allerdings unwesentlich,
nicht aber Application.[40]

Ora, não é difícil imaginar a decepção dos estudantes de matemática de Cambridge diante das primeiras aulas dadas por Wittgenstein em seu curso de 1933. Eles esperavam que Wittgenstein falasse algo sobre os teoremas da incompletude de

40. "A ilustração é, de fato, inessencial, mas não a *aplicação*" (destaque do original). Anotação feita por Wittgenstein à margem de um exemplar do *Course of Pure Mathematics*, de Hardy. A passagem a que essa anotação se refere é a seguinte: "Em muitos ramos da análise matemática, é conveniente fazer uso de um bom número de ilustrações geométricas. Esse modo de usar ilustrações geométricas não implica, é claro, que a análise tenha qualquer tipo de dependência em relação à geometria. São ilustrações, nada além disso, e são empregadas com a finalidade de dar clareza à exposição". Há uma reprodução fotográfica dessa anotação no livro de Juliet Floyd e Felix Mühlhölzer, *Wittgenstein's Annotations to Hardy's* Course of Pure Mathematics*: An Investigation of Wittgenstein's Non-Extensionalist Understanding of the Real Numbers* (Cham: Springer, 2020, p. 263).

Gödel, por exemplo, que procuravam estabelecer limitações inerentes ao método axiomático na matemática, ou pelo menos sobre as tentativas feitas por ele próprio, no *Tractatus*, de reformular o projeto logicista de Frege e de Russell. O que eles viram nas primeiras aulas, porém, foi uma discussão genérica em torno da questão sobre o que vem a ser o significado de uma palavra — questão que, aliás, foi substituída logo nos primeiros minutos por outras que pareciam levar a discussão cada vez mais para longe de Gödel, de Frege, de Russell e, especialmente, do *Tractatus*. Com exceção dos alunos mais brilhantes, que conseguiam enxergar a necessidade desse recuo para uma reflexão sobre a linguagem, é bem possível que os outros tenham se mexido demais nas cadeiras e que isso tenha sido percebido pelo professor, que resolveu dispensá-los da tortura de escutar suas arengas sobre flores vermelhas, adivinhos, flechas, desejos, expectativas e assim por diante.

O curso era, na verdade, perfeitamente adequado para matemáticos. É apenas quando achamos que sentenças falam sobre *coisas* designadas por palavras e expressões que somos levados a procurar pelas coisas sobre as quais fala uma sentença como "5 + 7 = 12". Queremos saber "o que é" o significado da palavra "5", e achamos que a resposta, se não puder ser dada por uma coisa visível e palpável, deverá ser dada por uma "ideia" acessada intelectualmente ou, pior ainda, construída mentalmente por meio de operações psicológicas. Soluções mais sofisticadas, como a de Russell, não dirão que a palavra "5" designa uma coisa, mas tentarão analisar todas as sentenças em que a palavra "5" aparece em termos de nomes de coisas distribuídas em diversas categorias. Pouco mais ou menos, é isso o que o *Tractatus* também faz, como dito anteriormente.

Ao dizer que deveríamos substituir a pergunta sobre o que vem a ser o significado de uma palavra pela pergunta sobre que aspecto tem uma explicação do significado de uma palavra, Wittgenstein está chamando a nossa atenção exatamente para o estatuto civil de todas as palavras, de toda a linguagem. Somos convidados a olhar para situações nas quais a linguagem não está "de férias", mas está sendo usada por pessoas concretas em situações concretas. É esse chamamento que Wittgenstein considerava fundamental fazer aos matemáticos. É como se ele dissesse: "Não fiquem perguntando o que acontece na mente de Ramanujan, nem no suposto mundo ideal a que as intuições de Ramanujan conseguem se dirigir. A explicação que ele próprio dava de sua atividade era, num certo sentido, mais sensata do que as especulações de Hardy a respeito de uma ordem eterna e imutável que o matemático tem a obrigação de descobrir. Invocar uma deusa que o inspirava é dar uma explicação que encerra a discussão sobre os fundamentos e a coloca num plano mais apropriado: vamos, agora, verificar se é possível integrar essas equações a nossos sistemas numéricos ou não".

Não quero dizer com isso que Wittgenstein não tivesse coisas interessantíssimas a dizer a respeito de Gödel, de Frege ou dele mesmo quando escreveu o *Tractatus*. Tanto tinha que as disse em outras ocasiões. Mas me parece que uma série de equívocos sobre sua filosofia da matemática poderiam ser evitados se tivéssemos a sabedoria de levar a sério a ideia de que o *Livro azul* é, de fato, uma introdução absolutamente adequada ao que ele tem a dizer sobre a linguagem matemática num sentido estrito. Ao contrário de grande parte das filosofias da matemática em circulação, a de Wittgenstein está enraizada, desde o primeiro aforismo do *Tractatus* até a última linha do *Sobre a certeza*, no pressuposto de que uma filosofia da matemática só pode ser uma filosofia da linguagem que se debruça sobre um tipo muito peculiar de simbolismo e que tudo o que um filósofo tem a oferecer ao leitor é um exercício que o faça parar de bater a cabeça contra a parede. Se pararmos de perguntar "o que é o número 5" e prestarmos atenção, em vez disso, a como o sinal "5" é aprendido ou simplesmente utilizado em nossa vida, é muito provável que vejamos os teoremas de Gödel ou a definição de verdade de Tarski como aquilo que eles realmente são: não como uma porta de acesso (ainda que negativa) aos fundamentos da matemática ou ao conceito de verdade matemática, mas apenas como mais um caso de matemática em exercício. Ou, quem sabe, em período de férias, fazendo piruetas belíssimas e geniais com as quais podemos agora nos divertir despreocupadamente, sem que isso nos desencaminhe. Como acontece, aliás com muita frequência, num jogo de xadrez, numa pista de dança, numa fuga de Bach.

JOÃO VERGÍLIO GALLERANI CUTER
Professor de lógica e filosofia da linguagem na Faculdade de Filosofia, Letras e Ciências Humanas (FFLCH) da Universidade de São Paulo (USP).

Índice remissivo

Este índice remete apenas ao texto principal (não às variantes indicadas em notas de rodapé).
Os números remetem à paginação do tiposcrito original (TS 309) usado como base para a presente tradução (ver a Apresentação).
Números em negrito indicam que há mais de uma ocorrência do termo na mesma página.

FSC
www.fsc.org
MISTO
Papel | Apoiando
o manejo florestal
responsável
FSC® C011095

A marca FSC® é a garantia de que a madeira utilizada na fabricação do papel deste livro provém de florestas gerenciadas de maneira ambientalmente correta, socialmente justa e economicamente viável e de outras fontes de origem controlada.

Título original: *Blue Book*

COORDENAÇÃO DA COLEÇÃO Giovane Rodrigues e Tiago Tranjan
DIRETORAS EDITORIAIS Fernanda Diamant e Rita Mattar
EDITORES Carlos Tranjan e Eloah Pina
ASSISTENTE EDITORIAL Millena Machado
PREPARAÇÃO Bonie Santos
REVISÃO Fernanda Campos e Pedro Siqueira
DIRETORA DE ARTE Julia Monteiro
CAPA Equipe Fósforo
IMAGEM DO VERSO DA CAPA Todos os direitos reservados. Originais na Österreichische Nationalbibliothek, Viena, onde, em 2014-15, por requisição do Wittgenstein Archives at the University of Bergen (WAB) e com apoio financeiro generoso da Stanhill Foundation, Londres, esta reprodução foi feita. A imagem foi posteriormente tratada no WAB e foi aqui reproduzida com a permissão de The Master and Fellows of Trinity College, Cambridge, Österreichische Nationalbibliothek, Viena, e University of Bergen, Bergen. A venda e outras reproduções ou usos dessas imagens com fins comerciais sem permissão prévia dos detentores do copyright são proibidos. © 2015 The Master and Fellows of Trinity College, Cambridge; The Österreichische Nationalbibliothek, Viena; The University of Bergen, Bergen.
PROJETO GRÁFICO Alles Blau
EDITORAÇÃO ELETRÔNICA Página Viva

CIP-BRASIL. CATALOGAÇÃO NA PUBLICAÇÃO
SINDICATO NACIONAL DOS EDITORES DE LIVROS, RJ

W786L

Wittgenstein, Ludwig, 1889-1951
O livro azul / Ludwig Wittgenstein ; tradução, organização e apresentação Giovane Rodrigues, Tiago Tranjan ; posfácio João Vergílio Gallerani Cuter. — 1. ed. — São Paulo : Fósforo, 2025.

Tradução de: Blue Book
ISBN: 978-65-6000-125-1

1. Wittgenstein, Ludwig, 1889-1951. Livro azul. 2. Linguagem e línguas — Filosofia. I. Rodrigues, Giovane. II. Tranjan, Tiago. III. Cuter, João Vergílio Gallerani. IV. Título.

CDD: 193
25-98253.0 CDU: 1(430)

Gabriela Faray Ferreira Lopes — Bibliotecária — CRB-7/6643

Editora Fósforo
Rua 24 de Maio, 270/276, 10º andar, salas 1 e 2 — República
01041-001 — São Paulo, SP, Brasil — Tel: (11) 3224.2055
contato@fosforoeditora.com.br / www.fosforoeditora.com.br

Este livro foi composto em GT Alpina e
GT Flexa e impresso pela Ipsis em papel
Golden Paper 80 g/m² para a Editora
Fósforo em julho de 2025.